伝わる・響く・整う

小学校長講話100

中嶋郁雄 著

明治図書

イントロダクション

短く、印象的な講話で、聞き手の心を整えよう

1 校長講話の意義とは?

昔から現在に至るまで、日本全国の小学校で学校長による講話が児童や保護者、職員、そして地域等の校外の諸団体に対して、集会や会議、行事や儀式の中で行われてきました。校長は、学校の代表者として様々な場で話す機会があり、校長は講話やあいさつをするのが当然と認識されています。

小学生時代の思い出として、「校長先生の話は長くてつまらなかった」などと、校長講話が引き合いに出されることがよくあります。小学校・中学校時代の校長講話の時間が、子どもにその内容が理解されていないだけでなく、「長くてつまらない我慢の時間」という笑い話として語られるものになっていることは、私たち校長にとって痛恨の極みとしかいえません。校長講話が子どもにとって、「単なる慣例的な儀式」として受け取られ、「つまらない我慢の時間」という思い出にならないためにも、自分の思いや願いが伝わるように、相手をひきつける話ができるように心がける必要があります。

近年、校長が職員に直接話をする機会が少なくなっていますが、職員に対する校長講話は、学校経

営において非常に重要なものです。特に、現在は働き方改革や教育ＤＸ化等、教育現場は変化の真っただ中にあります。このような時代にこそ、スクールリーダーとしての校長の役割が重要になります。様々な課題がやってきたとき、職員が一致団結して取り組むことが大切です。職員をまとめ協力体制をつくるためには、子どもや学校、教育に対する考え方をすべての職員が共有することが重要です。朝礼や終礼、会議や研修で設定されている講話の場を決して無駄にせず、教師・教育者としての校長の考え方を職員に対して伝えるように努めるべきでしょう。

入学式や卒業式、運動会や音楽会などの行事の場は、保護者や地域の方に校長の話を聞いてもらうことのできる貴重な場でもあります。教科書にあるような一般的で儀礼的な差し障りのない話を述べる場にするのではなく、「校長の話は面白い。納得できる」と思われるような話ができるようにしたいものです。保護者や地域の方に、興味を持って聞いてもらえる話ができ、指導観や教育観を伝えることができれば、学校の経営方針や子どもへの指導方針を理解してもらうことにつながります。

以上、校長講話は、自身がこれまで培ってきた人生観や教育観を基盤に、学校の代表者としての思いや考えを伝えるための重要な場です。

それぞれの対象者に応じた話を心がけて、聞く人の心に残り、聞く人が楽しみに待ってくれる講話をして、教師・学校の代表者としてメッセージを伝えることで、学校教育活動に関わるすべての関係者に、安心して学校運営を任せてもらえるようにすることが、校長講話の意義だと私は考えています。

「生き方」を伝える

子どもに対する講話の意義は究極、「生き方」を伝えることにあると思います。自分の体験を通じて感じたことやその時々の社会的な話題や流行、時事ネタやニュース、昔からの言い伝えや偉人の言葉等を通して、人として大切にしなくてはならない考え方や生き方などを、子どもに訴えかけたり考えさせたりすることも、教師の大切な役割でしょう。

物事を前向きに考え公平公正に捉える姿勢の大切さを伝えたり、自分や他人と誠実に向き合って生活する大切さを訴えたり、努力や勤勉について考えさせたりと、人として恥ずかしくない生き方について、全校の子どもに一斉に伝えることができるのは、校長の特権でもあります。

毎日直接子どもを指導する担任や授業担当者とは異なり、校長は全校の子どもに対して大きく広い見地から伝えることができます。子どもにとって「校長先生」はステータスであるため、影響力は小さくはありません。日頃から個々の子どもと密な関係を築くことは難しい反面、「少し離れた大きな存在」として、子どもの心に残る話を伝えることができると考えて語ることが大切です。

「学校（校長）理解」のために

保護者にとって、校長というのは、直接関わることはほとんどなく、日頃はそれほど意識しない存在ともいえるでしょう。しかし、我が子が学ぶ学校が、どのような教育方針で子どもを育てているのか、保護者にとっては高い関心事です。その意味で、「校長の考え方」イコール「学校の教育方針」

となります。特に最近では、保護者の学校に対する理解がなくては、思いきった学校運営は難しくなっています。保護者の理解と協力を得ることが、校長の教育観を学校経営へ反映することを可能にすると考えましょう。学校経営方針を保護者に理解してもらうためには、校長の考えを理解してもらうことが必要不可欠です。

一年間のうち、校長が直接保護者や地域の方に対して話をする機会は、多くはありません。入学式や卒業式では、限られた保護者や地域の方（1年生と6年生の保護者）にしか話を聞いてもらえません。コロナ禍後は、学校行事の精選が進み、保護者や地域の方に直接語りかける機会は、さらに少なくなっています。だからこそ、保護者や地域の方に語る機会を貴重なものと考えて、自分の教育観や経営方針を理解してもらうことができるように、話材を精選し相手の心に伝わるような話し方を心がける必要があります。子どもの印象に残る話を心がけることで、結果として子どもから保護者に校長の考え方や人柄を伝えることにもつながります。

直接言葉で伝えられなくても、学校だよりやホームページを活用して、多くの地域の方に、校長の考えを伝えることもできるでしょう。授業参観や学級懇談会で、様々な教室に分かれて参加している保護者に対して、オンラインを活用するなどの工夫によって、保護者に語る機会をつくり出すこともできるでしょう。

教育観・指導観の伝達と共有

語る機会が最も多い相手が、勤務する学校の職員です。朝礼や終礼、会議や研修が開かれる度に、必ず校長から話をする機会が与えられています。これらの場を、形式的なあいさつや教育委員会からの指示伝達だけで終えるのは、非常にもったいないことです。朝礼や終礼、会議や研修の場では、指示や伝達についての確認の他に、子どもの実態やトラブル把握、行事や授業の取り組みについて具体的な話し合いも行われます。このような場でこそ、授業や生徒指導における教師の姿勢について職員とともに考えたり、自身の指導観や教育観を伝えたりすることが重要です。校長の話や考え方をすべての職員に理解してもらえるとは思いません。しかし、たとえ自分と考え方が異なっていたとしても、校長としてのメッセージを伝えることで、子どもや教育に対する気持ちは、同じ教師として通じるものではないでしょうか。どんなときでも「特に伝えることはありません」などと言う校長に信頼を寄せる教師はいないでしょう。相手が職員だからこそ、一人の教師として指導観や教育観を伝えることに努めることが、結果として職員をまとめ、同じ方向へ進む職員団をつくることにつながると思います。

2　校長講話に必要な要素

学校に関わるすべての関係者に対して、興味を持たせ心に残るような校長講話にするためには、話材選びや話し方を工夫するなど、様々な要素が必要になります。

心に響く話材選びのコツ

講話の題材になる素材は、日常の至るところで見つけることができます。朝目覚めて窓から見える景色がどのように映るのか、新聞やテレビから得た情報から何を感じたか、自分の気持ちがどのように変化したか……。たとえ、道端に生えている雑草でさえも、聞く人の心に響く講話の材料になると私は考えています。例えば、

《道端に生えている雑草を見ました。誰の注目をあびることもありません。水や肥料をもらうこともない。邪魔者にされて踏みつけられることもあるでしょう。でも、だからこそ命の力強さを感じるのです。だからこそ、生きる尊さを教えられるのです。……》

というように、話をつくることができます。要は、身の回りにある物や起こる出来事をすべて教育に関わるものとして捉えるという意識で生活する姿勢が、講話の題材を引き出すことになるのだと思います。そして、子どもや保護者、職員に何を伝えたいのか、伝えなければならないかを考えながら日常を過ごす習慣を身に付けることが大切です。今の時代、言い方は間違っているかもしれませんが「教育バカ」になることが、校長講話の題材を見つけるために必要だと思います。

相手に伝わる話をするために

本音で語る言葉には力があります。たとえつたない表現であっても、聞く人の心を動かします。発した言葉が「自身の言葉」でなければ、聞く人の心に届く話にはなりません。「この人は、心の底か

ら本音でそう考えているのだな」と、相手に受け取られることが必要です。そのためには、どれだけ強い気持ちがあるかが重要です。出来合いの原稿を借りて、「とりあえずその場しのぎで話せばよい」という気持ちでは、相手の心に響き記憶に残る講話をすることは不可能です。自分が心から感動し子どもや職員、保護者に伝えたいと思うことを、自分の言葉で語ることが重要です。

表現技術を磨く

原稿に目を通しながら読めば、間違いなく話の内容を伝えることはできるでしょう。しかし、それでは相手の心に突き刺さる講話にはなりません。時にはおだやかな口調で話しかけ、またある時は力強く訴えかける。大きな間をとって黙って見回すこともできるでしょう。体を動かしたり大きくジェスチャーを交えたりしながら話すこともできるでしょう。このように大勢の人を前にして話をするときに有効な技術を活用することも、聞く人をひきつけるためには重要です。

伝えたいという強い思いで、いかに相手に伝わるように話すことができるかが、講話の成否を分けます。実際に講演会に足を運んで学んだり、テレビやインターネットなどで上手な人の話し方を学んだりして、講話のための表現技術を磨くように努めることが大切です。表現技術を高めるために意識を持って経験を重ねることで、聞く人をひきつける講話ができるようになっていくはずです。

目次

1
January

2 February

3 March

伝わる・響く・整う

小学校長講話100

あいさつ

新年度のスタートに向けて【始業式】

今日から新年度がスタートします。みなさんは、どんな気持ちで登校してきたのでしょう。ワクワクした気持ちで登校してきた人がたくさんいるのではないでしょうか。もしかすると、少し不安な気持ちになっている人もいるかもしれませんね。それぞれ、人によって気持ちは違うと思いますが、一年間の始まりの日ですから、元気を出してスタートを切ってほしいと校長先生は思っています。

では、○○小学校が元気にスタートを切ることができるように、元気な声を体育館に響かせてみたいと思います。準備はいいですか？

1年生のみなさん、おはようございます！

あれ？　ここには1年生はいないはずだね。今、あいさつをしてくれたのは、2年生のみんなかな？

みなさんは、4月から1年ずつ上の学年になったのですよ。3月まで1年生だった人は2年生に、5年生は6年生になったんだよ。じゃあ、新しい学年になったみなさん。大き

□**ねらい**

新年度を迎えるにあたっての意気込みを子どもたちに持たせる。

■**ポイント**

ここではあえてその場にいない1年生にあいさつをする、という形をとる。

な声を体育館に響かせてね。

「2年生　おはようございます」「3年生　おはようございます」「4年生　おはようございます」「5年生　おはようございます」「6年生　おはようございます」「○○小学校のみなさん　おはようございます」

ありがとう。実は、さっきまで校長先生は、すごく緊張していたんです。みなさんが、どんな様子で集まってくれるんだろうってね。でも、みなさんの元気いっぱいな声を聞いて、校長先生も元気をもらうことができました。○○小学校の子どもたちは、一人一人が、周りの人を元気にするパワーを持っています。

今日は、みなさんのおかげで、○○小学校が元気に新年度をスタートすることができました。これから、新しい一年間が始まりますが、もしかすると落ち込んだり悩んだりして元気が出ない友達を見かけることがあるかもしれません。そんな元気のない友達を見かけたら、今のように元気に明るく声をかけてあげましょう。

みなさんの力で、今年も○○小学校を、あいさつが飛び交う元気で明るい小学校にしていきましょう。

■ポイント
一年間のスタートにふさわしい、明るく、元気に、希望を持たせる講話にする。

気持ちの共有

同じ小学生、同じ気持ち［始業式］

今日から新しい一年間・新年度がスタートします。

今日からみなさんは、新しい学年になって、新しい教室で、新しい友達、新しい先生と一緒に学校生活を送ることになります。

さて、みなさん。みなさんは、今、どんな気持ちでいるのでしょう。

新しい学年になることに、ワクワクした気持ちでいる人も多いと思います。でも、同時に、ちょっぴり不安だという気持ちもあるのではないでしょうか。

では、確認してみましょう。

「新しい学年になって、今、とてもワクワクしているよ」という人、元気に手を挙げてください。

手を挙げている人は、そのまま挙げておいてね。みんな、周りを見回してごらん。手を挙げている人がたくさんいるね。

はい、ありがとう。手を下ろしましょう。

□**ねらい**

新年度をスタートするにあたっての不安を和らげ、心機一転がんばろうという意欲を高める。

じゃあ、「ちょっぴりは不安だよ」って思っている人、手を挙げてみて。さっき、手を挙げていた人も、そう思っていたら挙げていいですよ。

手を挙げている人は、そのまま挙げておいてね。みんな、周りを見てください。

はい、下ろしていいですよ。

どうでしたか、ワクワクした気持ちでいる人も、少し不安を感じている人も、たくさんいましたね。

自分だけが、そう感じているんじゃないんだよね。周りの友達も、自分と同じように楽しいと感じたり不安に思ったりしているんだよね。そのことを今、自分の目で確かめたよね。隣で座っている友達も、目の前の友達も、自分と同じように、喜んだり悲しんだり悩んだりしているのです。

だから、「自分一人だけが」って思わなくていいんだよ。みんな、自分と同じ気持ちのある友達と一緒に、安心して学校生活を送ってください。

友達と一緒に喜んだり悩んだり励まし合ったりして成長していく一年間をこれから送ってほしいと思います。

■ポイント
子どもの不安を理解したうえで、意欲を引き出す講話にする。

実行の大切さ 【始業式】

思いを行動に

新年度がスタートしました。みなさん、ご進級おめでとう。

今日は、みなさんの進級のお祝いに、校長先生からプレゼントがあります。

（ハンカチを一枚ポケットから取り出して、演台の左側と右側にコップ［花瓶などでもよい］を置き、取り出したハンカチを左側のコップに掛ける）

これから校長先生の、すごい力をご覧に入れましょう。このハンカチを、反対側のコップに移動させるから、よく見ててね。

いくよ。

え～い！　う～ん！　そりゃ～！

（ハンカチに手をかざして、声を出しながら念じる演技をする）

おかしいなあ。全く動きませんね。みなさんの応援が少ないからじゃないですか？

みんなも応援してね。せーのー。動けー！

どうしても動きませんね。でもね、ここからが校長先生のすごいところです。簡単にハ

□**ねらい**
心で思うだけ、言葉で表すだけでは、何も変わらない。少しでも行動に移すことの大切さを伝える。

■**ポイント**
伝えたいことを、明確に分かりやすくするために、〝モノ〟を使用する。

ンカチを移動させてみせますからね。よ〜く見ててね。えいっ！
（ハンカチを指でつまんで、反対側のコップに移動させる）

このハンカチを動かすのに、超能力や念力は必要ないのです。つまり、いくら強く念じても祈っても、何も変えることはできないということです。校長先生が「動け」と念じて、ハンカチが動きましたか？　みんなが「動け」と祈ったらハンカチは動きましたか？　いくら強く念じても祈っても、それだけではダメなのです。何も変わらないのです。

でも、校長先生が指をたった一本動かすという行動を起こしたら、簡単にハンカチを動かすことができました。念じたり祈ったりするだけではなく、それを実際に行動に移すことが大切なのです。あなたが「これがやりたい」「こうなりたい」と思うことがあれば、行動に移すことだけでしか、実現させることはできないのです。

「この一年間、こういうことをがんばりたい」「この一年間で、こういう自分になりたい」と思ったら、ほんの少しずつでもいいから、行動に移していきましょう。そういうみなさんのがんばりを、〇〇小学校の先生方は全力で応援します。

【参考文献】
阪部保「山小だより」（H21、№1）

学校生活の基本

魔法の言葉 【入学式】

○人の新入生のみなさん、ご入学おめでとうございます。みなさんは、今日から○○小学校の1年生になりました。みなさん、少し緊張していますか？　こんなにたくさんの人の中で、返事をしたりお話を聞いたりするのは、誰でも緊張するものです。でも、みなさんは、しっかり入学式に参加してくれています。校長先生はみなさんの姿を見て、とても立派な1年生だなあと感心しています。

ところでみなさん、小学校は、何をするところだと思いますか？

なるほど、たくさんの意見が出ましたが、とても大切なのは二つです。

一つは、小学校は勉強するところです。国語や算数など、たくさんの勉強をします。先生のおっしゃることを聞いてしっかり勉強してください。

そして、もう一つは、小学校は友達を大切にするところです。友達がいるから、遊びも勉強も楽しいのです。

もう一度確認するよ。小学校で大切なことは、「勉強すること」「友達を大切にするこ

□**ねらい**

感謝の気持ちと素直な心で学校生活を始めようというメッセージを届ける。

と」の二つです。

ところで、この二つのことを守るために、魔法の言葉があります。今日は、その魔法の言葉を覚えてください。

まず、楽しく勉強するための魔法の言葉は……。

（少し間を置いて）「分かりません。教えてください」です。何でも知っていたら、学校に来て勉強する必要はないよね。分からないことがたくさんあるから、学校で勉強するのです。分からないことを教えてもらって賢くなっていくのです。だから、みなさんが、楽しく勉強するために、「分かりません。教えてください」という魔法の言葉があるのです。

そして、友達を大切にするための魔法の言葉は……。

（少し間を置いて）「ありがとう」と「ごめんなさい」です。友達に優しくしてもらったり助けてもらったりしたら、必ず「ありがとう」と感謝しましょう。そして、ケンカしたり悪いと思ったりしたときは「ごめんなさい」です。「ありがとう」「ごめんなさい」と素直に言えたら、いいお友達がたくさんできると思います。

これから通う○○小学校が、みなさんにとって楽しいところになるように、先生方もお兄さんお姉さんも、がんばります。1年生のみなさんも、一緒にがんばりましょうね。

これで、校長先生のあいさつを終わります。

■ポイント
「魔法の言葉」という表現で、心に残るメッセージにする。

学びの意味

「分かりません」が言える子に 【入学式】

○○人の新入生のみなさん、入学おめでとう。みなさんは、今日から○○小学校の1年生になりました。ここにいる先生方、そして、○○小学校のお兄さんお姉さんも、みなさんが入学してくるのを楽しみに待っていました。さっき、担任の先生から名前を呼んでいただいたとき、元気に返事ができました。もう一度、みんなの元気なところを見せてもらいましょう。「1年生のみなさん」 すごく元気で立派ですね。

さて、みなさん。上を見てみよう。(天井を指さしながら) 何が見えますか？ 天井の上には、何がありますか？ 空の上には？

じゃあ問題。昼間は見えていないけど、空(宇宙)にいっぱいあるもの なぁんだ？

そう、お星さまですね。それじゃあ、宇宙には、いくつ(何個)星があるでしょう？

正解は、誰にも分かりません。地球に住んでいる人間には分からないんですね。みんなが住んでいる世界は、分からないことだらけです。人間が知っていることなんて、本当にちょっとだけなんですね。だから、学校に来て勉強することが大切なんです。分からないことは、当たり前で、とても素晴らしいことなんです。これから小学校で、お勉強が始ま

□**ねらい**

「分かりません」と言えることが、小学校で大切な姿勢だと伝える。

■**ポイント**

誰も答えられない質問をして、「分からない」と言いやすいように導く。

りますが、「分かりません」「知りません」って、しっかり言ってくださいね。

　学校は勉強するところって言ったけど、国語や算数だけが勉強じゃないんだよ。学校にはたくさんのお友達が来るよね。お友達と遊んだりお話したり、時々ケンカすることも、大切なお勉強だよ。毎日、しっかりお友達と関わってくださいね。これから通う〇〇小学校が、みなさんにとって楽しいところになるように、先生方もお兄さんお姉さんも、がんばります。1年生のみなさんも、しっかりがんばってください。

　今日は、みなさんの入学をお祝いするために、地域の方々も集まってくださいました。みんなで地域の方々にお礼を言いましょう。こっちを向いて、「ありがとうございます」はい。地域のみなさま、この子たちの豊かな成長のために、どうぞ力をお貸しください。

　最後になりましたが、保護者のみなさま、お子様のご入学、誠におめでとうございます。〇〇小学校職員一同、心からお祝い申し上げます。学校は、国語や算数など教科の力を伸ばすところであると同時に、意欲や協調性、そして忍耐力といった、人として大切な力を伸ばすところでもあります。子どもの力強い成長のためには、楽しいことばかりではなく、時に苦労や試練を経験する必要があります。私たち、〇〇小学校の職員が、子どものよりよい成長を願う気持ちは、保護者のみなさまと同じです。だからこそ、互いにどのような考えで子どもを教育するのかを理解し合うことが必要です。そのために、学校と家庭の連携が必要不可欠です。未来ある子どもたちのために、同じ方向を向いて、共に進んでまいりましょう。

学びの姿勢

間違いは恥ずかしくない【入学式】

○人の新入生のみなさん、入学おめでとう。

みなさんは、今日から○○小学校の1年生になりました。ここにいる先生方、そして、今日は来ていませんが、○○小学校のお兄さんお姉さんも、みなさんが入学してくるのを楽しみに待っていました。さっき、担任の先生から名前を呼んでいただいたとき、元気に返事ができました。みなさんが、これまでにしっかり力をつけてきたことが分かりました。

校長先生に、もう一度みなさんの元気で立派なところを見せてもらえますか。先生が合図したら、元気に「はい」と返事をしましょう。姿勢をよくして、いきますよ。「1年1組のみなさん」「1年2組のみなさん」「1年3組のみなさん」「○○小学校1年生のみなさん」今のように、元気ではきはきしているのが○○小学校の1年生です。

では、これを見てください。校長先生は、旗を何本持っていますか？

（旗や棒などを提示）

それでは、今度は難しいよ。パッとしか見せませんよ。（旗を七本、二秒程度提示）何本でしたか？　確かめてみましょう。七本でした。間違えた人もいたと思います。でも、

□**ねらい**

間違いは恥ずかしくないことを伝える。

■**ポイント**

簡単な動作を取り入れながら話す。

旗や棒を七本程度準備しておく。

間違えることは、全然恥ずかしいことじゃないんですよ。どんなことも力いっぱいやることと、自分の頭でしっかり考えることが大切なのです。それで間違えたって、やり直したらいいんです。小学校は、どんどん間違えて、どんどん直していくところなんですよ。それが、勉強するということだからね。これから通う○○小学校が、みなさんにとって楽しいところになるように、先生方もお兄さんお姉さんも、がんばります。1年生のみなさんも、しっかりがんばってください。

最後になりましたが、保護者のみなさま、お子様のご入学、誠におめでとうございます。○○小学校職員一同、心からお祝い申し上げます。

学校は、個性豊かな子どもたちが集まって学ぶ場です。子どもたちは学校で、国語や算数など教科の学習をする他にも、集団の中で人間関係の基礎を学んでいきます。時には、友達と主張がぶつかって、ケンカになることもあるでしょう。もしかすると、友達とのトラブルがあって、泣いて家に帰ってくることがあるかもしれません。しかし、これから長い人生を送る子どもにとって、それが大切な学びになるはずです。そして、子どもが泣いているとき、悩んでいるときにこそ、私たち大人が適切な支援をしていく必要があります。だからこそ、保護者のみなさまと私たち学校との共通理解が必要不可欠になります。保護者のみなさまには、子どもの力強い成長のために、学校との連携をぜひお願いいたします。

それでは、1年生のみなさん、明日から楽しく○○小学校に来てください。これで、校長先生のお話を終わります。

明朗快活

笑顔の威力【朝礼】

（恐い表情で前に立ち、低い声で）

「みなさん。おはようございます」

（少し間を置いて、表情と声色を崩さずに話を続ける）

今、みなさんとあいさつをしましたが、みなさんから、とても緊張している様子が伝わってきました。もう一度、校長先生と朝のあいさつをしましょう。

（子どもたちに背を向けて笑顔をつくり、再度子どもたちの方を向いて、明るく元気な口調で）

「みなさん。おはようございます」

今度は、とっても元気なあいさつが返ってきましたね。

さて、はじめのあいさつと、二回目のあいさつは、全く雰囲気が違いました。なぜなのでしょうね？

それは、校長先生が、表情や態度を変えたからです。校長先生が恐い顔・恐い声で「おはようございます」と言ったら、みなさん、「どうしたんだろう」「校長先生、怒ってるの

□ねらい

一年間のスタートをいい気持ちで迎える。

■ポイント

表情に変化をつけながら話を進める。

April 4

かな」「私、何か悪いことしたのかな」って、身構えてしまいますよね。最初のあいさつのときの校長先生の表情や態度は、みなさんに警戒心や恐怖心を与えてしまうものでした。

反対に、二回目はどうだったでしょう？　校長先生は思いきり笑顔をつくって元気にあいさつをしました。すると、みなさんも笑顔になって元気なあいさつを返してくれました。

みなさんは、笑顔の効果について知っていますか？

まず、笑顔でいると、今の校長先生とみなさんとのあいさつで分かるように、人間関係がうまくいきます。笑顔であいさつしてくれる人に対して、「嫌な奴だ」と思う人はいませんよね。笑顔で会話するととても気持ちよく、仲良くなれるように感じますね。

また、笑顔になることで、脳の働きが活発になって記憶力や判断力がアップするともいわれています。笑顔になることで、病気と闘う化学物質が分泌されて、ガンなどの病気に効果があるという研究者もいます。

では、みなさん試してみましょう。笑顔をつくりましょう。笑顔のまま、周りの人と目を合わせてください。ほら、笑いが起きて体育館が楽しい雰囲気になりましたね。

笑顔になることで、悪いことが起こることはまずありませんよね。だから、できるだけ笑顔でいる時間を増やしてください。誰でも、気分が乗らないときやイライラするときがあると思います。そんなときにこそ、無理にでも笑顔をつくってみてください。笑顔をつくることで、気持ちがなんとなく明るくなってきます。

この一年間、いつも笑顔を忘れずに学校生活を送りましょう。

友達 【朝礼】

新しい仲間の誕生

みなさん、おはようございます。

今日は、一年の中で最もうれしい全校朝礼です。

先日、1年生が入学してくれたので、今日の全校朝礼で、今年度初めて○○小学校1年生から6年生まですべての学年が集まることができました。本当にうれしいことです。やっと20○○年度がスタートしたなという思いです。

さて、一学期がスタートして約○日が過ぎましたが、今のクラスはどうですか？　新しい学年になって、毎日が楽しいという人もいるでしょう。中には、まだ新しいクラスに慣れなくて少し疲れている人もいるかもしれませんね。

校長先生は、4月の一学期が始まる時期の子どもたちを見ていると、「星の誕生」と同じなのではないかと思うことがあります。

みなさん、空に輝く星は、実は太陽と同じく熱くて光り輝いているということは知っていますよね。あのお星さまは、どのようにして生まれるのか知っていますか？　人間のようにお母さんのおなかから生まれるのではないのです。

□**ねらい**

友達との学校生活で、クラスがまとまる期待を持たせる。

April 4

星にも寿命があって、人間のように年をとると死んでしまいます。ただし、星の寿命はすごく長くて、寿命が短い星でも何千万年、長い星になると何百億年といわれています。低学年には難しいと思うけど、生まれてからすごく長い間、光っているのです。

その星も、いつか死ぬときが来て、死ぬ前に大きくふくらんで最後は大爆発をして散り散りになって、ガスになってしまいます。ところが、しばらくすると、そのガスがぶつかり合って輝き始め、ぶつかり合いながら少しずつ大きくなっていきます。ぶつかり合いを繰り返しながら長い年月をかけて、太陽のように熱く輝く星になります。

みなさんは、昨年度、仲間と一年間をかけて素敵なクラスをつくり上げてきました。でも、そのクラスも3月にはバラバラになってしまいました。バラバラになっていたみなさんですが、4月になって新しい友達と出会うことになります。そして、これから一年間をかけて、新しい友達とクラスをつくっていくことになります。

みなさんのクラスが、光り輝き大きくなるためには、本気でぶつかり合うことも必要になります。ぶつかり合いが多ければ多いほど、強い光を放つクラスになるのだと思います。だから、一人一人が「素敵なクラスにしたい」「光り輝くクラスにしたい」と願う気持ちさえ忘れなければ、友達とぶつかり合うことを怖がる必要はありません。これから一年間をかけて、大きく強く光り輝くクラスをつくっていってください。

■ポイント

友達とのぶつかり合いは無駄ではなく必要だと感じさせるようにする。

自信を持つ

自信を持ってスタート【朝礼】

いきなりですが、みなさんになぞなぞを出します。しっかり考えてくれるかな?

問題です!

(静かになるのを待つ)

「一番分かっているつもりなのに、一番分かっていない人、だ〜れだ?」

(二回繰り返す)

正解を言います。正解は〜!(間を置いて静かに聞く体勢をつくらせる)

自分自身です。

自分で自分を知っているつもりでも、実はよく分かっていないものなのです。その証拠に、みんな「しかめっ面」をしてごらん。顔に何本しわができたか分かりますか? 分からないでしょ。隣の友達の顔のしわを確かめることはできるけど、自分のしわは全く分からないよね。自分って、自分が思うよりも知らないものなんです。

そこで、校長先生から大切な質問をします。

□**ねらい**

自分も友達も、いいところに目を向けることの大切さを確認させる。

■**ポイント**

なぞなぞから入って子どもの興味をひきつける。

自分のいいところを三つ教えてください。（二回繰り返す）

ちなみに校長先生は、自分のいいところをみなさんに紹介できますよ。

「足が速い」「作文が上手」「お話が得意」です。

どうです。すごいでしょ？　前もって準備しておいたんだけどね。

では、みなさん、校長先生が10数える間に、三つ考えてね。

よーいスタート。

（10数えて待つ）

そこまで。さて、自分のいいところ、三つ言えるかな？

「三つ言えるよ」っていう人、手を挙げてください。

素晴らしいです。こんなにたくさんの人が、自分のいいところを知っている。そのいいところに自信を持って学校生活を送ってください。そして、今持っている自分のよさをこれからも忘れず、もっともっと伸ばすようにしてほしいと思います。

それから、まだ自分のいいところを三つ見つけられないという人。さっき言ったけど、自分のことは自分ではよく知らないものなのです。きっと、あなたのよさは、おうちの人や友達が知っているはずです。今日のうちに、絶対に聞いて確かめておいてください。

これから一年間が始まります。今年度は、自分のいいところを、もっともっと知ることのできる一年にしましょう。

心構え　【朝礼】

校歌に込められたもの

いよいよ一学期が本格的にスタートします。みなさん、新しい学年で学ぶ準備はできていますか?

なるほど。今、元気に返事をしてくれた人。素晴らしいです。心構えができている。「新しい学年でがんばるぞ」っていう心構えが伝わりました。今日は「心構え」について考えてもらいたいと思います。

中には、声には出さないけれど、心の中でメラメラと闘志を燃やしている人も多いと思います。特に5年生、6年生はそうかもしれませんね。昔みたいに大きな声で返事をしたり発表したり歌ったりすることが、なんとなく恥ずかしいと思っているかもしれませんね。

でも、今日はあえて、みなさんの新年度にかける心構えを、校長先生に分かるように伝えてほしいのです。新しく始まる一年間、こんなことをがんばるぞっていうみなさんの心構えを、校長先生は見たいんです。○○小学校は大丈夫だって、安心させてほしいのです。

もう一度聞きます。みなさん、新しい学年で学ぶ準備はできていますか?

□**ねらい**
充実した学校生活を送るための心構えについて考えさせる。

■**ポイント**
子どもにとって具体的で分かりやすい場面を取り上げる。

先ほどよりも大きな声で返事が返ってきましたね。
すごいです。それでは、これを見てください。
（下図のような、校歌の頭文字を抜き出したパネルを提示）
これ、右から左に読みます。しっかり心構えを持って読んでごらん。
何のことでしょう。呪文ではありませんよ。分かった人は手を挙げて。
校長先生が続きを読んでみるから、よく聞いておいてね。

わおみうこ　かきみそろ

（頭の文字を指さしながら、校歌を読み上げていく）

2年生から6年生のみんなは、校歌はよく知っているよね？
それでは、今年度一年間がんばるぞという心構えを示します。みんなで、校歌を力いっぱい歌って、校長先生のお話を終わることにします。

■**ポイント**
音楽の先生に伴奏を頼んでおくとよい。

基本的生活習慣 【朝礼】

早寝・早起き・朝ごはん

このパネルを見てください。

（●寝　●起き　★ごはん　と書いたパネルを提示）

「まる　ね　まる　おき　ほし　ごはん」

さあ、この●と★に入る言葉が何か分かるかな？

しっかり考えてくれてありがとう。●には「早（はや）」という言葉が入ります。★は「朝（あさ）」が入ります。

（●寝　●起き　★ごはん　の●と★マークをめくれるようにしておき、早寝　早起き　朝ごはん　と表示されるようにして提示）

みんなで一緒に読んでみましょう。「はやね　はやおき　あさごはん」はい。この言葉を聞いたことがある人は手を挙げて。

早く寝て、早く起きて、朝ごはんを食べましょうと、文部科学省が全国の学校に呼びかけている言葉です。

□**ねらい**

ゴールデンウィーク前に生活リズムについて考えさせる。

■**ポイント**

パネルを使用しクイズ形式で興味を高める。

では、「早寝・早起き・朝ごはん」を守ると、何がいいのでしょう？

まず、健康にいいということです。早く寝ることで一日の疲れをとることができます。睡眠の質も高まるといわれています。すると、早くすっきりと起きることができて、朝ごはんをしっかり食べることができます。朝ごはんを食べると、脳や体に栄養が行き渡って、学校で運動したり勉強したりすることで、丈夫な体づくりや効率的な勉強につながります。特にみなさんは、心も体も大きく成長する時期です。早寝・早起き・朝ごはんの生活リズムを身に付けて生活することで、体が健康になるし大きく成長することになります。勉強にも集中できて身に付きます。

反対に、夜遅くまで起きていると、朝も起きるのが遅くなりますね。そうすると、朝ごはんを食べる時間が遅くなって、朝ごはんとお昼ごはんが一緒になってしまいます。朝遅くまで寝ていたために、夜も遅くにならないと眠れなくなってしまいます。

このような日が何日か続くと、「遅寝・遅起き・朝ごはん抜き」という、不健康なリズムが身に付いてしまいます。休みが終わって学校に来る日になっても、不健康なリズムが身に付いていると、とても困ります。

ゴールデンウィークは、生活リズムが崩れがちになります。「早寝・早起き・朝ごはん」の生活リズムを守りながら、ゴールデンウィークを楽しんでほしいと思います。


【参考サイト】

早寝早起き朝ごはん全国協議会ＨＰ

元気 【朝礼】

ゴールデンウィーク明けの魔法

ゴールデンウィークが終わりました。

今朝、みなさんの顔を見ていると、なんとなく元気のない表情の人が多いように感じました。実は、校長先生は、ゴールデンウィークが終わって、少し憂鬱な気分で学校に来ました。校長先生と同じで、少し気分が乗らないなという人、正直に手を挙げてみてください。

ありがとう。今、手を挙げてくれた人、とても正直で校長先生は好きです。手を挙げていない人は、毎日学校に生き生き登校している子ですね。素晴らしいことです。

さて、いよいよこれから5月の学校生活がスタートします。気持ちが少し沈んでいる人は気持ちを上げるために、元気な人はもっと元気を出すことができるように。そんな魔法があるんです。みんな、知っていますか？

元気を出すために、一番簡単で一番効果がある方法。それはね……。

□**ねらい**

連休明けで、落ち込みがちな雰囲気を解消して、元気に5月をスタートさせる。

■**ポイント**

休み明けの子どもの気持ちに共感しながら話を進める。

自分で無理やり元気を出すことです。

「それって、何よ」っていう人がいると思います。でも、それしかないと校長先生は思います。

みんな。〇〇小学校の先生方は、そのおかげですごく元気なんだよ。

試してみようか？

◇◇先生！　おはようございます！

（指名した先生に、大きな声であいさつを返してもらうように事前に伝えておく）

ほらね。すごいだろ。みんなも元気が出たでしょ？　もう一人、やってみようか？

☆△先生！　おはようございます！

〇〇小学校の先生方、おはようございます！

（教師全員から、大きな声であいさつが返ってくるように、事前に依頼しておく）

先生方、すごく元気ですね。みんなも、先生方に負けるな。

〇〇小学校のみなさん！　おはようございます。

すごい！　5月も元気に学校生活を送りましょう。

心の持ち方

幸せの種 ［朝礼］

前の日曜日、校長先生が買い物をしていると、レジ係の人に苦情（文句）を言っている人を見かけました。レジ係の人が「申し訳ありません」と謝っても、なかなかやめません。周りで見ている人も、気分を悪くしたのでしょう。みんな嫌な顔になっていました。

校長先生は、お店の人を大声で責めている人の姿を見て、「なんでそんなに怒ることがあるんだろう」と思いました。そして、「きっと、幸せではないんだろうな」と、怒っている人のことをかわいそうに思ってしまいました。

現在の日本は、世界でも豊かな国といわれています。お店に行けば、たくさんの品物が並んでいます。お金さえあれば、欲しいものを手に入れることができます。

国連では毎年、世界の国の「幸福度ランキング」っていうのを調べているんだけど、２０２４年、日本は１４３の国の中で、何位に入ったと思いますか？

２０２４年の日本の幸福度ランキングは、なんと１４３の国の中で51位でした。これだけ豊かな国に住んでいるのに、幸せと感じている人は多くはないのかもしれませんね。

□**ねらい**

心の持ち様が、幸せを感じる方法であることに気づかせる。

■**ポイント**

自身の体験談を交えて、子どもがイメージしやすいように話す。

校長先生は毎朝、教室に行って、みなさんとあいさつをしていますよね。先日、1年生の教室をそっとのぞいてみると、1年生は一生懸命先生の話を聞いてお勉強していました。先生の質問には「はい！　はい！　はい！」とはりきって手を挙げていました。校長先生の姿に気づくと、「あっ！　校長先生！」と教室のあちこちで手を振ってくれます。何をするのも全力です。何をするのもキラキラした目です。校長先生に向かって「おはようございます！」って全力であいさつをしてくれました。その姿を見て、校長先生は、「この子たちは、きっと楽しくて幸せで仕方ないんだろうな」と、うれしく思ったのです。

みなさん、同じ時間を過ごすのであれば、幸せな方がいいですよね。幸せを感じるのは、実はあなたの心なんです。あなたの心の中にある「幸せの種」を芽吹かせ、大きく育てることができるよう、いつでも前向きに一生懸命過ごすように心がけましょう。

【参考文献】

持続可能な開発ソリューション・ネットワーク（SDSN）「世界幸福度報告2024」

凡事徹底

やるべきことをやる【朝礼】

新学期が始まって一か月以上が過ぎてしまいました。みなさんも先生方も、新しい学校生活に徐々に慣れてきたのではないでしょうか。現在、学校に来るのが楽しいなっていう人が、たくさんいるんじゃないかな。

ところが、新しいクラスや友達に慣れてくるのはいいことなんですが、この時期になると、緊張感が少しなくなって、「まあ、これくらい、いいか」って、少しいい加減な気持ちになってしまうことがあります。「これはやり続けよう」って決心したことが、時間が経つにつれて、だんだんおろそかになってしまうことって、よくありますよね。

昔、森信三という、とても偉い大学の先生が、「子どもたちが立派な大人に育つために、これをやり続けることができれば大丈夫」っていう方法を考えました。その方法は、たった三つだけです。

みなさん、この三つがどんなことか、分かりますか？　これをやり続ければ、立派になれるという方法。三つだよ。

□**ねらい**

緊張感がゆるみ始める時期。凡事徹底を意識して生活を送る大切さを伝える。

なるほど……。この中に正解を言っている子がいました。校長先生が、答えを言いますから、しっかり聞いておいてね。

一つ目は、「あいさつ」です。

二つ目は、「返事」です。

三つ目は、「履物をそろえること」です。

「あいさつ」「返事」「履物をそろえる」。みんな、できているかな？

すごいね。じゃあ、静かに目を閉じて、振り返ってみましょう。

「あいさつをしなさい」って、言われることはないですか？　「お返事は？」って注意されることは？　靴を脱いだ後、自分でちゃんとそろえることはできているかな？

目を開けてください。どうでしたか？　ちゃんとやれていないときもあるでしょ？

とても簡単なように思えるけど、自分から進んで、誰にも注意されないで、ずーっとやり続けることは、実は難しいんだよ。

「あいさつ」「返事」「履物をそろえること」は、やろうと思えば、誰だってやれることですね。やれることを、いつでも自分から進んでしっかりやることができるってことが、実は最も素晴らしいことなんです。

「あいさつ」「返事」「履物をそろえる」。この三つを覚えておいてくれたらうれしいです。

■ポイント

継続の難しさと大切さについて考えさせるために、子どもの経験に働きかける。

自主性

自分で探し、自分で創る【朝礼】

みなさんは、この人物を知っていますか?

（織田信長のイラストをパネルかプロジェクター投影で提示）

織田信長は、今からおよそ五百年前、日本が戦国時代といって、たくさんの侍が戦っていた時代に活躍した武将です。織田信長はとても有名なので、みなさんの中にも知っている人が多いと思います。

織田信長のすごいところは、それまでの世の中の常識では考えられないようなことをして、日本を統一していったところです。その頃、新しく日本に伝わったキリスト教を認めて、西洋の新しい技術や情報を取り入れて、自分の国を強く豊かにしていきました。

当時の世の中の常識にとらわれない信長の政治のやり方は、戦国時代を終わらせることに役立ちました。でも、あまりにも過激だったためでしょうか、信長についていけないと言う人も多くいて、最後は自分の家来の明智光秀という人に反逆されてしまいました。

織田信長は、このようなことを言っています。

「仕事は自分で探し、自分で創るもの」

□**ねらい**

係や当番など自分の役割を積極的に行う大切さを説く。

■**ポイント**

織田信長の画像・言葉を準備して提示する。

May 5

（自分で探し、自分で創る　というパネルを提示）

5月になって、それぞれのクラスで、係や当番の活動が始まっていると思います。高学年の人は、委員会も決まって活動していると思います。

みなさん、自分の係や当番、委員会を思い出してください。これまでやってきた仕事だからって、何も考えずにやってはいないでしょうか。もっと工夫すれば、クラスや学校のみんなの役に立つ仕事ができるって、考えてほしいと思います。こんな仕事ができるんじゃないか、こんなことをしたらクラスや学校が楽しくなるかもって、考えてほしいと思います。

1年生や2年生のみなさんも、考えてみてね。例えば、毎日掃除をしているけど、もっと教室をきれいにするために、掃除の仕方を工夫できないかな。整理整頓をしっかりするために、自分にできることはないだろうか……って。

「自分で探し、自分で創る」のは、当番や係だけじゃなくて勉強の時間も同じだと思います。漢字を覚えるために、何かいい方法はないかな。算数が分かるように、できることはないだろうか？

学校が楽しくなるように、気持ちよく学校で過ごすことができるように、勉強をがんばることができるように、工夫できることはないかしっかり考えてほしいと思います。

【参考文献】
中嶋郁雄『道徳授業でそのまま使える！日本の偉人伝3分話』（学陽書房）

自然に目を向ける

初夏の美しさ【朝礼】

みなさんは、「茶摘み」という歌を知っていますか。

「夏も近づく八十八夜　野にも山にも若葉が茂る」

先生が子どもの頃は、友達と向かい合って、この「茶摘み」を歌いながら手遊びをしたものですが、みなさんもやったことがあるのでしょうか?

この「茶摘み」の歌にある「八十八夜」というのは、2月、春の始まりの日の「立春」から数えて八十八日目のことを指します。

今年の八十八夜は5月○日ですが、この頃になると、野山の若葉が鮮やかに茂ってきます。5月は夏が近づいてくる季節で、この頃のことを「初夏」と言います。

（初夏 と書いたパネルを提示）

5月に入って、街の木々や遠くの山の緑がとても美しく映えるようになりました。みなさんは、学校や自宅、そして登下校の途中に見える山々が、様々な緑色に彩られているのに気づいているでしょうか。「そんなこと、気づかなかったよ」っていう人は、今日にでも山々の緑に目をやってみてください。きっと、この季節にしか見ることができない、美

□**ねらい**

自然に目を向けることで、余裕を持って学校生活を送る意識を高める。

■**ポイント**

初夏の美しさを感じさせる話材を提供する。

しい色とりどりの緑色を発見することができるでしょう。

(山口素堂の俳句をパネルで提示して、読む)

「目には青葉　山ほととぎす　初がつお」

初夏を詠んだ有名な俳句です。

「目には青葉　山ほととぎす　初がつお」

「美しい青葉が目に映り、山でほととぎすの鳴き声が聞こえる。そしてこの時期に旬の初鰹が美味しい」という初夏の素晴らしさを表した俳句です。まさしく、今のこの季節を詠った俳句ですね。

5月は、気候がおだやかで、たくさんの花が見頃になります。バラやカーネーション、ボタンやマリーゴールド、ラベンダーやツツジ……。写真を見なくてもみなさんが思い出すことができる有名な花が、あちこちに咲いています。全国各地の公園やテーマパークで、美しい花を見ることができるのもこの季節ですね。

「五月病」という言葉があるように、新年度の何かとあわただしい4月が終わり、ゴールデンウィークが過ぎ去って、憂鬱な気分になることが多いのもこの5月です。

そこで、少し見方を変えて、ゆっくりと周りの景色に目を向けてみましょう。それまで気づかなかった、美しい景色を発見することができるはずです。

命の大切さ

命はリセットできない〔朝礼〕

校長先生が、小学校2年生のときのことです。

家に子犬の「クロ」がやってきました。真っ黒なかわいらしい犬でした。とても人懐っこくて賢い子でした。私の姿を見ると駆け寄ってきて、顔をペロペロとなめ回します。「お手・おかわり」と言って手を差し出すと、前足を差し出します。「まわれ」と言うと、くるくる私の周りを走ります。クロも私のことを好きだったのでしょうか、登校のために家を出るときは、毎日クーンクーンと悲しそうな声を出して、私が見えなくなるまで見送ってくれました。家に帰ってくると、犬小屋から飛び出してきて、まとわりついて出迎えてくれました。校長先生には弟がいなかったので、弟ができたようでうれしくて、いつもクロと一緒でした。

クロが家にやってきて二年が経ったある朝のこと、クロが苦しそうに玄関に横たわっていました。

父親の話では、鎖を解いて自由に放していたときに、どこかに仕掛けられていたネズミ捕り用の毒入りの餌を食べてしまったのではないかということでした。

□**ねらい**
命の大切さを伝える。

■**ポイント**
自身の実体験を例にして、感情を込めて子どもに語りかける。

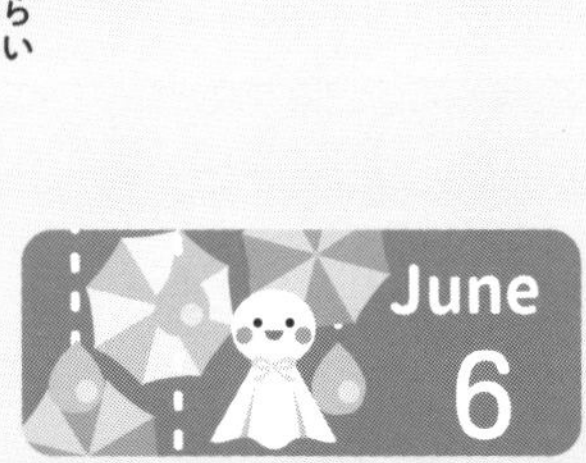

クロは懸命に闘っていました。私が頭をなでると、気力を振り絞って私の手をなめてくれました。クロが苦しんでいる姿は本当にかわいそうで、先生は祈ることしかできませんでした。

次の早朝。私は布団を飛び出して、クロの様子を見に玄関へ行きました。前の日の夜あれだけ苦しんでいたのに、なんともおだやかで安らかな顔で眠っていました。

「よかった、クロは元気になるんだ」

私は、そっとクロの頭をなでたのです。

そのときの手に伝わってきた冷たい感覚は、今でも忘れることはありません。

「クロ！　クロ！　クロ！」

何度呼びかけても、クロが目を開けることはありませんでした。

（しっかり間を置く）

ゲームはリセットすれば、キャラクターは何度でも生き返るよね。でもね。命というのは、一度失われてしまえば、二度と戻ってはこないんです。命がなくなると、二度と言葉をかけてくれることはありません。二度と笑顔を返してくれることもないのです。どれだけ強く望んでも必死に願っても、一度命が失われれば永遠に生き返りはしないのです。

みなさん。命を大切にしてください。校長先生は、○○小学校の子どもたちが、命を大切にする人に育ってほしいと強く願っています。

感謝 ［朝礼］

「当たり前」と思うな

雨の季節になりました。雨はうっとうしいなあと思うこともありますが、雨で濡れた景色はとても美しくて、校長先生は大好きです。

さて、そんな梅雨の季節につくられた「俳句」・日本の短い詩を紹介しましょう。

紫陽花や　昨日の誠　今日の嘘

（拡大コピーまたはホワイトボード等で提示）

読めるかな？　難しい漢字がいっぱいあるね。校長先生が読むから、後に続いて読んでみてね。いくよ。

「アジサイや」　はい。

「キノウのマコト　キョウのウソ」　はい。

これ（紫陽花）、アジサイのことだよ。はい、一気に読むよ。校長先生に続いて読んでね。

「アジサイや　キノウのマコト　キョウのウソ」　はい。

□**ねらい**

「当たり前」と思って生活している毎日が、実はとてもありがたいことだと、感謝の気持ちを持たせる。

■**ポイント**

低学年にも分かりやすいように、話材の使い方を工夫する。

みんな、上手に読めたね。今度は、自分たちだけで読んでごらん。はい。

（子どもが声を合わせやすいように、指で文字をなぞりながら、自分も俳句を読む）

みんな、紫陽花って、同じ花でも土で色が変わるって知ってる？　赤くなったり青くなったり。紫陽花は、たくさんの色に変化する花なんだよ。

この俳句はね。「赤い花だと思っていたら、青い花に変わってしまう紫陽花のように、昨日は本当だと思っていたことが、今日は嘘に変わってしまった」っていう意味なんだ。

「紫陽花や　昨日の誠　今日の嘘」

これまで、当たり前だと思っていたことが、次の日には当たり前じゃなくなる。みんなは、コロナのときに経験したよね。当たり前に学校に来て、当たり前に友達と遊んで……。そんな生活が、できなくなったという経験をしたよね。覚えてる？

今も、こうして当たり前のように学校に来て、勉強して、友達と遊んで、家に帰って、家族と過ごしているけど、これって、とっても幸せなことだと思いませんか？　ウクライナなど戦争をしているところには、きっと当たり前の生活ができないで苦しんでいる人がたくさんいるはずです。

いつも通りに生活できていることを、「当たり前」と思わずに、「とてもありがたいことだ」と感謝するべきではないかと、校長先生は思うのです。

こうして学校に来て、勉強して、友達と遊べることに感謝して、一日一日を過ごすようにしましょう。

ポジティブ思考【朝礼】

雲の上はいつも晴れ

6月に入って、これから梅雨の季節がやってきます。このところ、空が雲に覆われて、どんよりと曇っている日が続いていますね。

天候と気持ちの関係性は、世界各国の大学でたくさん研究されてきました。晴れた日に「今の気持ち」を問うと、「元気」「気分がいい」など前向きな気持ちを答えた人が多く、曇りや雨の日は「気分がよくない」など後ろ向きな気持ちの人が多かったという、アメリカの調査結果があります。実際に、天候が体調や気分の状態に影響するということを、たくさんの研究者が言っているんです。

確かに、晴れた日は気持ちよくて、元気が出ます。雨が降ったり曇ったりしていると、気分が滅入ってなんとなく元気が出ませんよね。校長先生は、毎朝、門の前でみんなを迎えているけど、天気がよくない日は、やっぱりみんななんとなく元気がないなって気がしています。

ところで、ちょっと考えてみましょう。曇りや雨の日は、太陽はどこかに行って、なくなってしまうのでしょうか？

□**ねらい**

希望を持って苦境や試練を乗りきる大切さを伝える。

■**ポイント**

梅雨の6月に身近な話材を使用する。

そうですよね。太陽はなくなってはいません。いつも空の上で明るく温かく輝いているんですね。校長先生は、「太陽はいつもみんなの上で輝いている」ことを忘れないでっていうことを、今日のお話で伝えたいのです。

今は雨が降っていても、空がどんより曇っていても、雲の上にはいつも太陽が明るく輝いています。いつか必ず雨はやんで、空が晴れ渡るときが来るのです。

雲の上は　いつも晴れ　（ホワイトボードに書くか拡大コピーで提示）

私たちも同じです。

誰でも気分がよくない日や、悩んだり苦しんだりするときもありますよね。でも、そんな苦しみや悲しみは、永遠にずっとは続かないということです。今は気分がよくなくても、今は悩んだり苦しかったりしていても、必ずよくなる日が来るということを信じてほしい。

「雲の上は　いつも晴れ」

みんな。忘れないでね。じゃあ、最後にみんなで大きな声で言ってみよう。校長先生の後に繰り返してね。

「雲の上は　いつも晴れ」　はい。

切り替えの大切さ

周りを変える？ 自分が変わる？

【朝礼】

□ねらい
柔軟な考え方の重要性について考えさせる。

地球が宇宙に誕生してから、約四十六億年といわれています。気の遠くなる年月ですね。そして、地球上に生命が誕生したのがおよそ三十五億年〜四十億年前といわれています。海で誕生した生命は、その後どんどん広がって陸上に進出します。そして、恐竜が現れます。

みなさんは、恐竜を知っていますよね。例えば、どんな恐竜を知っていますか？

恐竜は、私たち人類が現れるはるか以前に地球に現れて地球を支配していました。昔この地球には、たくさんの種類の恐竜たちが生きていました。ところが、今からおよそ六五〇〇万年〜六六〇〇万年ほど前に、恐竜は絶滅してしまいます。このときは、地球に隕石が落ちたことが原因で、恐竜だけでなく、地球にいた約80％の生き物が絶滅したといわれています。

ところが、この大量絶滅から生き残った生き物がいました。その中に、小さなネズミのような哺乳類がいました。恐竜が地球を支配していたときは、地球の片隅でひっそりと生きていた哺乳類が、隕石が落ちてボロボロになり食べ物も少ない時代を生き延びて、現在では恐竜に取って代わって地球上にあふれるようになりました。

不思議ですね。強く大きく数も多かった恐竜は絶滅したのに、弱くて小さくて片隅に追いやられていた哺乳類が、厳しい環境を生き残って、のちに地球の支配者になったのですから。そう思いませんか？

「最も強い者が生き残るのではない、最も賢い者が残るのでもない、唯一生き残るのは変化できる者である」といわれます。

6月になり、4月にスタートしたクラスでの学校生活にも慣れてきた頃かと思います。そういう時期には、意見の食い違いや感じ方の違いも見えてきて、クラスや先生、友達に対する不満も出てくるはずです。

トラブルが起きたとき、それを解決するために、友達を批判したり説得したりして変えてやろうと思うのか。自分が考え方を変えて状況をよくしようとするのか。さあ、あなたなら、どちらを選びますか？　どちらのやり方なら、トラブルを回避し問題を解決することができると思いますか？　もちろん、すべてのことに、自分の意見を変える必要はないと思います。でも、自分が変わることで、うまくいく場合もあると思います。

友達とケンカをしたり不満を持ったりしたとき、「変化できる者が生き残る」という言葉を思い出してみてください。

■ポイント
意見を変えることは、負けること・悪いことではないと教える。

動じない心で

気持ちを整える【朝礼】

この漢字を読むことができますか？

（梅雨 と書いたパネルを提示）

そう、これは「つゆ」と読みますね。梅の実が熟す頃に降る雨なので、「うめ」の「あめ」と書いて「つゆ」と言うようになったという説があります。

日本では、6月は梅雨の時期で、雨が降る日が多くなります。学校に行くために家を出ようとして、そのとき雨が降っていたら、みなさん、どんな気持ちになるでしょう？

「なんだ、雨が降ってるじゃないか。嫌だなあ。ツイてないなあ」

って思う人が多いんじゃないかな。雨が降ると、歩いていると濡れてしまうし、外で遊ぶことができないし、なんとなく気分が沈んでしまいますよね。

実は、校長先生も、出かけるときに雨が降っていたら、「ツイてないなあ」なんて思ってしまいます。靴や服が雨で濡れると、勝手に機嫌が悪くなることもあります。「いい加減にしろよ！　この雨！」なんてね。

ところが、反対に、「雨が降ってうれしい」と思うこともありました。校長先生は中学

□**ねらい**

動じない心と思考の転換の大切さに気づかせる。

■**ポイント**

日常の何気ない場面での心の持ち方を問うように話す。

生のとき野球部に入っていました。雨が降ると厳しい練習ができなくなります。だから、中学生の頃は、「雨が降ってラッキー」と、雨に感謝したものです。

そう考えると、校長先生は、なんて自分勝手なんだろうと、反省します。雨は、誰が降らせているわけでもありません。天から勝手に降ってくるのです。なのに、自分の都合で、「大嫌い」と言ってみたり「ラッキー」と思ってみたりするのですから。もしかすると、みなさんも、そういう経験をしたことはありませんか？

雨は植物に大切な水を運んでくれます。雨が降らないと飲み水や生活に使う水がなくなって私たちも困ってしまいます。「恵みの雨」っていう言葉があるように、雨は私たち生き物にとって大切な水を恵んでくれます。

梅雨に入ると雨が降る日が多くなります。友達と外で遊ぶことができなくなります。そのとき、「なんで、降るのよ」「うっとうしい」などと考えていると、ちょっとしたことで機嫌が悪くなり、友達とケンカになる可能性が高くなります。自分がケガをしたり友達にケガをさせたりする危険もあります。

人間の力ではどうすることもできないことがあります。天気もその一つです。「うっとうしい」「なんとかして」と、いくら願っても頼んでも、それで雨がやむことはありません。「今日は雨。どういう過ごし方をしよう」と受け入れて、雨に気持ちを左右されないように過ごしてください。

自制心

天に唾すること莫れ

〔朝礼〕

日本では、北海道を除いて6月は梅雨の季節です。先日から雨の日が続いています。家を出ようとして空を見上げると、雨が降っている。思わず、「なんで雨なんか降るんだよ」と不平不満な気持ちが頭をもたげてしまいます。

しかし、雨の天候を恨むようなことをすると、まず、気分が悪くなります。機嫌が悪いまま外出しても、何も楽しいとは感じなくなってしまいます。もしかすると、物や人に当たり散らして、物を壊したり人とケンカになったりして大きなトラブルにならないとも限りません。

みなさんは、この言葉を知っていますか？

（天にツバする と書いたパネルを提示）

「天に唾する」という言葉です。上を向いて、空に向けて唾を吐くとどうなりますか？自分の吐いた唾は、自分の顔に落ちてきますよね。

「天に唾する」というのは、誰かに害を与えようとすれば、結局自分に災いが返ってくるという意味です。雨が降って気分が悪いのを天のせいにして、天を恨むと、その恨みの

□ねらい
自制心の大切さを確認し実践を促す。

心が自分に災いを呼び込んでしまうのです。

　学校の勉強や遊びで、うまくいかないのを先生や友達のせいにして、文句を言ったり嫌なことをしたりしたとしましょう。そういうことが続くと、自分で努力することができなくなってしまいます。周りの人からの信用も失っていくことになるでしょう。

　学校で友達と生活していると、自分の思い通りにならないことや腹の立つこともあると思います。それは当たり前のことです。思い通りにいかないときや腹が立ったときに、「あの人が悪いからだ」「先生のせいだ」「学校がいけない」「世の中が悪い」などと、周囲のせいにして恨んでばかりいても、何の解決にもなりません。そればかりか、自分の力でどうにかよくしていこうという気持ちや、友達と一緒に解決しようという力が身に付かなくなってしまいます。周りの人も遠ざかってしまう危険があります。

　「天に唾する」と似た意味の言葉で「人を呪わば穴二つ」という言葉があります。人を恨んだり呪ったりすれば、その恨みや呪いが自分に返ってくるという恐ろしい意味の言葉です。絶対に人の不幸を願ったり、他人に危害を加えたりしてはいけないという古くからの戒めです。

　うまくいかないとき、自分がどのように行動すればいいのか。友達とトラブルになったとき、どういう考え方で問題を解決すればいいのか。一人一人がしっかり考えて学校生活を送ってほしいと思います。

■ポイント
子どもが経験するであろう場面を取り上げて分かりやすくする。

安全遵守

自分の身は自分で守れ【朝礼】

今日は、みんなにとって耳が痛い話・聞くのがつらい話になるかもしれませんが、命に関わる大切なことなので、しっかり考えながら聞いてください。

毎年のように、登下校中の子どもの列に自動車が突っ込んできて、子どもたちが大きなケガをしたり命を落としたりするというニュースが伝わってきます。

歩行者はちゃんときまりを守って歩いているにもかかわらず、運転手が危険な運転をしたり不注意で運転したりして、大切な命が失われる事故が後を絶ちません。

残念なことですが、交通ルールをしっかり守りどんなに注意をしていても、痛ましい事故が起きてしまう可能性があります。

ところが、中には交通ルールを守っていないどころか、自動車が通る道路でとても危険なことをしている人がいます。実は、この○○小学校でも、すごいスピードで自転車に乗って遊んだり、ジグザグ運転をしてふざけたりしている子がいるようです。

また、下校中に前を見ないでおしゃべりをしながら横に広がって歩いたり、急に道路を横断したりする子もいるようです。

□**ねらい**

身の回りで起こりうる危険を予測し自分で身を守る意識を高める。

■**ポイント**

子どもの安全のために強く訴えるように話す。

もしかすると、今の校長先生の話に心当たりがある人がいるかもしれませんね。

さっきも言いましたが、自動車が走る道路は、こちらがルールを守っていても、どんなに注意していても、大ケガをしたり命を落としたりする事故が起こる可能性が高い場所です。このことは、みなさん分かっていますよね？

みなさんのおうちの方にも、学校から「気を付けるように言ってください」と、何度もお願いをしていることも知っていますよね？

先生方も、おうちの方も、地域の方も、みなさんの安全を第一に考えているのです。だから、口を酸っぱくして、何度でも何度でも、「ルールを守りなさい」「危ないことをしてはいけません」って、注意しているのです。

命は一つしかありません。命がなくなると二度と戻ってはこないのです。死んでしまうと、家族や大切な人と二度と会えなくなるのですよ。

そうならないために、自分の身は自分でしっかり守りなさい。自転車の乗り方に気を付けること、自動車の通る道を遊びながら歩かないこと。決められたルールを守ることが、自分を守ることになるのです。

もう一度、言います。自分の身は自分で守りなさい。

今日の校長先生の話、もう一度しっかり考えてみてくださいね。

学習に取り組む姿勢

勉強は何のため？【朝礼】

一学期もあと7月を残すだけになりました。みなさんは、そろそろ一学期のまとめに入っているのかなあ？　国語や算数、理科や社会などのまとめで、がんばっている人も多いと思います。これから、まとめのテストで忙しい日が続くと思います。今お休みをすると、大変ですから、体調には十分注意して生活しましょう。

ところで、みなさんは「何のために勉強するのか」考えたことはありますか。学校に来て、ずっと休み時間で好きなことをして遊ぶことができたらいいなって、思うことはありませんか？

毎日学校で勉強しているけど、なんで勉強しなきゃいけないんでしょうね？　意見がある人はお願いします。

なるほどね。みんな、しっかり考えているんですね。校長先生は感心しました。みんなただなんとなく勉強しているんじゃないってことが分かって、すごく感動しました。

□**ねらい**

小学校で学習する意味を考えさせる。

■**ポイント**

当たり前と思われることに対して問題意識を持たせる。

■**ポイント**

あらかじめマイクを準備しておき、フロアの教師にマイクの対応を頼んでおく。

勉強することで、世の中のことをいろいろ知ることができたり、将来の自分に役立ったりしますよね。だから勉強する。

「努力やがんばることができるようになる」と言った人がいました。なるほど、とても素晴らしい意見だと思います。遊びよりも勉強が大好きな人って、それほど多くはないんじゃないかな？　でも、自分のために勉強をがんばる。しんどいけどがんばるからできるようになることが多いと思います。

これって、勉強だけじゃないよね。スポーツだって、努力して練習をがんばって、上手になってレギュラーになっていくはずです。「上手になりたい」っていう気持ちがあっても、しんどいから練習しないというのでは、絶対に上手になることはないですよね。

今日は、「何のために勉強するのか」ということを、みんなで考えてみました。一学期のまとめをする7月になりました。今日の校長先生の話が、みなさんの勉強する姿勢に影響することができたらうれしいです。

克己【朝礼】

掃除は何のため？

一学期のまとめの7月になりました。そろそろ机やロッカーの中、そして教室をきれいに掃除したり整理整頓したりすると思います。

みなさんは学校で毎日掃除をしていますね。日本では、子どもたちが学校の掃除をするのが当たり前ですが、世界の中には、子どもたちが学校の掃除をしないという国もあるようです。これを見てください。

（下の図を拡大パネルまたはプロジェクターで提示）

アメリカ・イギリス・フランス・ドイツなど、欧米諸国では、子どもではなく専門の業者が学校の掃除をしているそうです。中国と韓国は日本と同じく、子どもが学校の掃除をしているんだね。

さて、ここでみなさんに質問です。アメリカやイギリスのように、掃除は子どもではなく、専門の業者がやった方がいいと思うか。それとも、日本や中国のように子どもがやった方がいいと思うか。あなたなら、どちらがいいと思うか、周りの友達と話していいので考えてみましょう。

子どもが学校の掃除をする国

アメリカ	イギリス	フランス	ドイツ
×	×	×	×
日本	中国	韓国	
○	○	○	

□**ねらい**

やるべきことをやりきることの大切さについて考えさせる。

■**ポイント**

掃除は大切な学習活動であるという観点で講話を進める。

それでは、聞いてみるね。「掃除は、専門業者がやるのがいいと思う人、手を挙げて」
「掃除は、自分たち子どもがやるのがいいと思う人、手を挙げて」

なるほど、それぞれにいいところがあるのだと思います。では、なぜ日本では、子どもたちが掃除をするようにしているのでしょう。意見はありますか？

（挙手があれば指名して意見を言ってもらってもよい）

自分たちが使う学校の施設は、自分たち自身で美しく掃除しようというのが、日本の学校の考えなのですね。確かに、子どもがやるよりも専門業者が掃除をした方が、美しくなると思います。でも、日本では、掃除は大切な教育であるという考えで、あなた方子どもが掃除をするようになっているのです。

自分たちでしんどい思いをしながら掃除することで、教室やトイレを大切に美しく使おうという気持ちになると思います。自分の心がきれいになるように思える人もいるでしょう。日本では、掃除は大切な勉強として、全国各地の学校で行われています。

みなさんにも、大切な心の勉強という気持ちで、掃除に取り組んでほしいと思います。

【参考文献】

国立教育政策研究所「学校組織全体の総合力を高める教職員配置とマネジメントに関する調査研究報告書」

幸せの条件とは

何が幸せを決めるのか【朝礼】

7月7日は七夕です。

今の時期、うっすらと光の帯が夜空を横切っているのが見えます。夜に明かりがたくさんある都会では見えづらいのですが、真っ暗な場所に行くと、晴れていれば必ず見えます。「天の川」といわれています。その「天の川」をはさんで、織姫星と彦星があります。興味のある人は、自分で調べて探してみてください。

ところで、みなさんは、七夕にまつわる話を知っているでしょうか。

《昔、「織姫」という天の神様の娘がいました。織姫は働き者で、布を織る仕事に夢中でひとりぼっちでした。それをかわいそうに思った天の神様は、河の向こうに住んでいた「彦星」という働き者の牛飼いと結婚させました。織姫と彦星は互いに夢中になって、二人は全く働かなくなってしまいました。天の神様は、働かなくなった二人に怒って、河をはさんで離れ離れにしてしまいました。彦星と引き離されて嘆き悲しむ織姫の姿をかわいそうに思った神様は、一年に一度、7月7日だけ、会うことを許しました。》

（PCで紙芝居をスライドにして投影しながら行ってもよい）

□**ねらい**

満足度や幸福度は心の持ち方によって異なることを理解させる。

これが、織姫と彦星の物語です。みなさん、これを見てください。

（一年に一度しか会えない　一年に一度会える　と書いたパネルを提示）

7月7日の夜、織姫と彦星は出会うのですが、その出会いは、「一年に一度しか会えない」と言う方がいいのか、「一年に一度会える」と言う方がいいのか、どちらでしょう?

まず、「一年に一度しか会えない」という言い方は、物足りないという不満を感じる言い方ですよね。反対に「一年に一度会える」という言い方は、会えるのがうれしい、楽しみという感じになります。

織姫と彦星は「一年に一度しか会えない。なんて少しの時間なんだ。もっと時間が欲しいなあ」と思いながら出会うのでしょうか。それとも、「一年に一度会える。出会ったらどんな話をしようかな。楽しみだなあ」と思いながら出会うのでしょうか。

どう思いながら出会うのか、織姫と彦星本人でなければ分かりません。でも、校長先生が織姫と彦星にアドバイスするとしたら、「一年に一度出会えるこの日を、楽しいと思う方が幸せだよ」って。「一年に一度しか会えない」なんて不満に思っていたら、せっかくの出会いの日が楽しくなくなるよってね。

みなさんにも、何が幸せなのか考えてほしいと思います。手の中にある百円を見て、「百円しかない」と思うのか、「百円もあるぞ」と思うのかで、幸せな気持ちって変わってくるんじゃないかな。

■**ポイント**

物事の捉え方を考えさせながら話を進める。

自由とは

夏休みのあなたは？ 【終業式】

（拡大した紙またはプロジェクターで、下のような鳥の絵を提示）

この絵、何の絵か分かりますね。

二羽の鳥がいますが、何が違うか分かりますか？

こっち（右の鳥）は、かごの中にいる鳥だね。人に飼われている鳥です。（かごの鳥 と表記）

もう一方（左の鳥）は、羽ばたいているね。こっちは、自然の中で生活している鳥です。（自然の鳥 と表記）

そこで、みなさんに質問です。

あなたが鳥になったとして、「かごの中の鳥」になりたいか、それとも「自然の中の鳥」になりたいか。さあ、どちらになりたいか、考えてください。

□**ねらい**

夏休みの過ごし方について考えさせる。

■**ポイント**

「自由」について子どもに分かりやすく伝えるための話材を工夫する。

では、聞いてみましょう。

なるほど。じゃあ、それぞれの鳥のいいところと、困るところを考えてみよう。

「かごの鳥」のいいところ、困るところは？

安全で食べ物に困らないよね。でも、自由にどこかに行くことができないよね。

「自然の鳥」のいいところ、困るところは？

自由に空を飛び回れるよね。でも、敵がいたり食べ物に不自由したりと危険だよね。

ところで、これから長い夏休みに入るけど、夏休みのみなさんは、「かごの鳥」？　それとも「自然の鳥」？

学校に来ているみなさんは「かごの鳥」です。時間割通りに活動して、先生に見守られながら生活していますよね。でも、明日からの夏休みは、みなさんは「自然の鳥」になるのです。時間割はありません。自由になる時間がたくさんあります。先生の目も届きません。もしかすると、おうちの人の目からも解放される人もいるかもしれませんね。

でも、「自然の鳥」は、危険がいっぱいです。気を付けないと、危険なことに巻き込まれるかもしれません。体調を崩したり生活リズムを崩したりする危険性もあるでしょう。

「自然の鳥」は自由です。

自由はとても楽しくてとてもいいことのように思えますが、危険と隣り合わせということを忘れないで、自分で自分をしっかり管理するように心がけましょう。

■**ポイント**
挙手させて意見を聞く。

夏休みの安全

元気に再会しよう【終業式】

今日で一学期は終わりです。

4月に新年度が始まってから、5月、6月、7月と、およそ四か月間、いろいろな出来事があったと思います。

では、少し時間をとるので、一学期の出来事を振り返ってみましょう。これから校長先生が合図するまで、目と口を閉じて静かに、一学期にあった出来事を思い出してください。

それでは、スタート。


はい、そこまで。目を開けてください。

今、一学期の出来事を振り返ってもらったんだけど、「私は、一学期がんばったよ」という人、手を挙げてみて。

今、手を挙げた人、がんばった自分に拍手！

じゃあ「もう少し、がんばれたかな」って思う人、手を挙げて。

今、手を挙げた人。これからの自分を拍手で応援しましょう。拍手！

□ねらい
一学期を振り返らせた後、夏休みを健康に安全に過ごす心構えを持たせる。

さあ、みなさん。明日からいよいよ夏休みです。楽しみですね！

校長先生も、ここにいる○○小学校のすべての先生方も、みなさんが楽しく夏休みを過ごしてくれることを願っています。

そして、とっても大切なことなんだけど……。○○小学校の先生方全員が、「これだけは」って願っていることがあります。

どんなことか、分かりますか？

○○小学校の先生方全員が強く願っていることはね……。
大きなケガをしないように気を付けて夏休みを過ごしてね。

健康にも気を付けて、楽しく夏休みを過ごしてね。
○月○日の始業式に、元気な顔を見せてくださいね。
○○小学校の先生方全員が強く願っていることは、○月○日・二学期の始業式の日に、ここにいるみなさん全員と、元気に出会うことです。
絶対だよ。約束だよ。（マイクを子どもたちに向けて、返事を促す）
ありがとう。じゃあ、二学期の始業式で会いましょう。

■ポイント
職員の願いを代表する話になるように、子どもと対話しながら進める。

「本物」に触れる夏に

【終業式】

明日から、みなさんが楽しみにしている夏休みです。

みなさんは、どんな夏休みにしようと考えていますか？　勉強や旅行、習い事や塾など、楽しいことやがんばることがたくさんの夏休みになると思います。今から、ワクワクしたり気合が入ったりしますよね。

学校がある普段のときとは違う過ごし方ができる夏休みです。せっかくですから、校長先生は、みなさんに「本物」に触れる夏にしてほしいと思います。

（本物（ほんもの）と書いたパネルを提示）

（2025年に大阪で万国博覧会が開かれますが、）1970年、今から五十年くらい前、大阪で万国博覧会が開催されました。そこに、月の石が展示されたんです。当時、アメリカが人類で初めて月に行ったんだけど、そのとき宇宙飛行士が持ち帰った月の石です。その月の石を一目見るために人々はなんと四時間も並びました。

大阪万国博覧会が開かれた1970年にはテレビが家庭に普及していました。見ようと

□**ねらい**
夏休みに実体験をすることの大切さを伝える。

July
7

思えば、テレビや写真などでも月の石を見ることができました。それなのになぜ、大阪まで来て、四時間も並んで月の石を見たのでしょう。

今みなさんが生きている時代は、技術がもっと進んでいて、バーチャルリアリティーなどで様々な疑似体験をすることができます。オンラインで世界中の「友達」と遊ぶことが可能ですよね。でも、それは本物の楽しさなのでしょうか。本物の力になるのでしょうか。先生は、そうは思いません。どれだけ技術が発達しても、人は一人では生きていくことはできないし、「人を傷つけてはいけない」「人の物を盗ってはいけない」などの人の道が変わることはないのです。だからこそ、みなさんには、本物を見て本物に触れる体験をしてほしいのです。目や耳だけでなく肌で感じる温もりや冷たさ、空気のにおい、科学的に解明されてはいないけれど感じることができるその場の「雰囲気」を、全身で感じることが大切だと思うのです。

これから先、技術の進歩はますます加速していくことでしょう。触感や味覚、臭覚なども、技術の進歩によって疑似体験が可能になる日も遠くはないでしょう。しかし、私たちが「命」を与えられた人間という生き物である以上、どんなに技術が進歩しても、「本物」に触れることでしか得ることのできないものが必ずあると校長先生は思うのです。

小学生の頭の柔らかい若い時期に、本物に触れる経験をたくさんしてほしいと思います。みなさんの夏休みが、「本物に触れる夏」になることを願っています。

■ポイント

過度な事案を出すのではなく、どの子どもにも可能な体験事例を提示する。

再会の喜び

元気に登校ありがとう【始業式】

（わざと、少し小さめの声で）みなさん、おはようございます。

う～ん。少し元気がないようですね。

（大きな声で、溌剌と）もう一度、おはようございます。

ありがとう。ようやく元気な〇〇小学校のみなさんが帰ってきました。うれしいです。

（さらに大きな声で、溌剌と）もう一度。おはようございます。

いよいよ二学期がスタートしました。

夏休み、大きな事故もなく、大きな病気もせずに、今日元気な姿を見せてくれたこと、本当にうれしいです。

長い夏休みが終わって、気分があがらないっていう人がいるかもしれませんね。大人でも、お休みの次の日は、なかなか調子が出ないものです。

でも、みなさんは、今日、学校に来てくれました。

夏休みが終わったら学校が始まる。休み明けには学校に登校する。学校で友達と机を並べて勉強する。

□**ねらい**
二学期、登校できたことに自信を持たせる。

August
8

これって、当たり前のことだと思われています。でも、校長先生は、そんな当たり前と思われていることができている○○小学校のみなさんを、すごい子どもたちだと思っています。当たり前のことができるって、本当はすごいことだと思うのです。

だって、もし、今日、二学期が始まる日に、体育館に行って、誰も子どもたちがいなかったら、校長先生はどんな気持ちになるでしょう。

きっと、すごく悲しくて、「どうして、みんな学校に来てくれないの?」「もしかすると○○小学校のことが嫌いなのかなあ。校長先生に会うのが嫌なのかなあ」なんて、悩んでしまうと思います。

だから、今日、こうして学校に来てくれて、体育館に集まってくれて、校長先生の話をしっかり聞こうとしてくれているみなさんに、校長先生は感謝しています。元気をもらっています。それは、きっと○○小学校の先生方も同じ気持ちだと思います。みなさん本当にありがとう。

人のことを元気にしてくれる○○小学校の子どもたちは、本当に素晴らしい子どもたちです。自信を持ってください。

みなさん、元気をありがとう。元気に登校してくれてありがとう。

この二学期も、自信を持って元気に学校生活を送りましょう。

■ポイント
子どもを元気にする講話をする。

自己を見つめる

ヒーローの二学期【始業式】

今日から二学期がスタートします。

校長先生からみなさんにお願いがあります。

みなさん。二学期は「ヒーロー」になってください。

誰でも知っているヒーローといえば、ウルトラマンです。みんな、ウルトラマンは知ってるよね?

ウルトラマンは強いです。いろいろな怪獣を、必殺技のスペシウム光線や八つ裂き光輪でやっつけてしまいます。

校長先生は、小学生の頃、ウルトラマンになりたいと憧れていました。ウルトラマンみたいに強くなりたいなって。

でも、大人になって、気づいたことがありました。

それは、ウルトラマンが持っている、すごい力を使いこなすことができるだろうかって。

もしかすると、腹が立って、友達にその力を使ってしまうんじゃないかって。ケンカが強

□**ねらい**

自分の力を友達や学校に役立てるために使うことを促す。

■**ポイント**

子どもをひきつけるウルトラマンを話材にする。

くて誰にも負けないことが分かっていたら、わがままになって、自分勝手に大きな力を振り回してしまうんじゃないかって。

みんなも、よく考えてみてください。

どうして、ウルトラマンはヒーローっていわれているのかを。

ウルトラマンは、優しいです。困っている人や弱い人の味方になって戦ってくれます。

ウルトラマンは、正義のために戦います。人類を守るために、地球を守るために、持っている大きな力を使います。ウルトラマンは、自分が持っている大きな力を使って、物をむやみに壊したり、周りの人を苦しめたりはしませんよね。

でも、もしかすると、ウルトラマンだって、腹が立ったり、誰かを憎いと思ったりすることがあるかもしれないね。そして、自分の力をどうやって使うのがいいのか、悩んだり苦しんだりすることもあるかもしれないよね。

ここにいる〇〇小学校のみなさんも、ウルトラマンほどではないけれど、大きな力を持っていると校長先生は思っています。だから、みんなの持っている大きな力を、人を喜ばせ安心させるために使ってください。ウルトラマンのように!!

これが、二学期のスタートにあたって、校長先生からのお願いです。

この二学期、みなさん一人一人が、ヒーローになる二学期にしましょう。

時間の大切さ

一日一日を大切に 【始業式】

長いと思っていた夏休みが終わり、今日から二学期が始まります。みなさんは、どのような夏休みを過ごしたのでしょう。夏休み前に立てた計画を守って充実した時間を過ごした人もいるでしょう。家族と旅行に行ったり遊んだりして楽しい時間だったという人も多いのではないでしょうか。反対に、なんとなく時間が過ぎていって、特に変わったこともないまま夏休みが終わってしまったという人もいるかもしれませんね。

みなさん、一人一人異なった夏休みを過ごしたと思いますが、楽しかった人も、充実していた人も、つまらなかった人も、すべての人に時間は平等に流れて、○日間は終わったのです。

今日の二学期始業式で、校長先生がみなさんに伝えたいことは、これです。

（歳月人を待たず と書いたパネルを提示）

少し難しい言葉ですね。「さいげつ ひとを またず」と読みます。みんなで一緒に読んでみましょう。「さいげつ ひとを またず」 はい。

この言葉は、「年月（時間のことだね）は、人の都合など考えずに、どんどん過ぎ去っ

□ねらい

一日一瞬の大切さを伝える。

■ポイント

ことわざや慣用句などを活用して分かりやすくする。

August 8

てゆく」という意味です。さっき、夏休みの過ごし方の話をしたけど、夏休みの○日という時間は、みなさんの都合に関係なく流れていきましたね。

過ぎた時間は、いくら後悔しても元には戻りませんよね。「夏休み、もっと勉強しておけばよかった」「早起きをして、一日をしっかり楽しめばよかった」と悔やんでも、どうにもなりません。まさしく「歳月人を待たず」なのですね。

今日から始まる二学期を、みなさんはどのように過ごしたいと思っているでしょうか。二学期には運動会や音楽会、6年生は修学旅行と、大きな行事がたくさんあります。これらの行事が終わって振り返ったときに、「運動会を成功させるために一生懸命がんばったよ」「怠けたいと思うこともあったけど、がんばって取り組んでよかった」と、自分自身に胸を張ることができるようになってほしいと、校長先生は願っています。

みなさんに聞きます。12月の終業式の日に、「がんばったぞ！私」「よくやったぞ！自分」と、堂々と胸を張ることができる二学期にしたいと思っている人、まっすぐ元気よく手を挙げてください。

さすが、○○小学校の子どもたちです。校長先生は安心しました。それでは、みなさん、一日一日を大切にして生活することを自分自身に約束して、校長先生とのお話を終わります。

心の強さについて 【朝礼】

心頭滅却すれば

長い夏休みが終わって、二学期に入りました。最近の夏は特に暑くなっていて、これからもしばらくは、猛暑日と言って気温が35度を超える日も少なくないと思われます。みなさんも「地球温暖化」という言葉をよく聞くと思いますが、最近では「温暖化」を通り越して、「地球沸騰化」という言葉も生まれているようです。

これから校長先生がする話は、みなさんの「心」についてのお話です。この危険な暑さの中で、暑さやしんどさを我慢してがんばりなさいという話ではありません。そこはしっかり覚えておいてくださいね。

（心頭滅却 というパネルを提示）

「しんとうめっきゃく」と読みます。みんなで声を出して読んでみましょう。「しんとうめっきゃく」 はい。

難しい言葉ですね。この言葉の意味を簡単に言うと「余計なことを考えず心を整える」ということです。例えば、もし、みなさんが「つまらないなあ」「早く終わらないかなあ」「校長先生の話、長いなあ」などという気持ちで校長先生の話を聞いているのであれば、

□ねらい
心を整えて、強い気持ちを持つことの大切さを伝える。

余計なことを考えているので心は整っていなくて、校長先生の気持ちは伝わりませんよね。心頭滅却していれば、校長先生のつまらなくて長い話も、全く苦にならないで聞くことができるということです。

昔から「心頭滅却すれば火もまた涼し」と言って（**火もまた涼し** というパネルを追加して提示）、「余計なことを考えず心を整えれば、火の中でも涼しく感じる」ということわざになっています。これは、もちろん、熱さを我慢できるという意味ではありません。火の中に入ったらどんな人でも焼けて死んでしまいますから。

そうではなくて、「どんなに苦しい状況でも、心の持ち方次第で乗りきることができる」という意味です。楽しい夏休みが終わって、これから二学期の勉強が始まる。自分の弱い心に負けて、「だるいなあ」「つまらないなあ」などと余計なことばかり考えていると、心が乱れて、大切な時間が無駄になってしまいます。

最後にもう一度確認しておきます。「心頭滅却すれば火もまた涼し」ということわざは、今日のような暑い日には、「心の持ち方次第で暑さをしのげる」などという意味で使われることがありますが、最近の暑さは命の危険があるので、無理に我慢してはいけませんよ。

今日の校長先生の話は、みなさんには、「心頭滅却」して、充実した楽しい学校生活を送ってほしいということでした。

■ポイント

決して無理をせよという意味ではないことをしっかり伝えながら話す。

勇気 ［朝礼］

伝える勇気が命を守る

夏休みは終わったけど、まだ8月です。これからも、しばらく暑い日が続きます。日中の気温が高くなると、心配なのは熱中症です。毎年、全国各地でたくさんの人が熱中症で亡くなっています。

とても残念なことですが、学校で活動しているときに熱中症でしんどくなって病院に運ばれたり、死んでしまったりする事故も起こっています。校舎内で勉強しているときは、クーラーが入っているので大丈夫なのですが、休み時間に外で遊ぶときや、体育の授業で体育館や運動場で運動するときは特に気を付けておかなければなりません。

ところで、みなさん。みなさんは、「しんどいです」って、先生や友達に伝えることができていますか？

みなさん、苦しくなったりしんどくなったりしたら、「しんどいです」って、先生に伝えなくちゃいけないんですよね。「先生、そんなこと、分かってるよ」って、みんな思うかもしれません。でも、もしかすると、いざそのときになったら、言い出せないことがあ

□**ねらい**

体調を伝えることの重要性を確認させる。

■**ポイント**

教師や友達に伝えることが命を守ることだと意識させる。

るかもしれない。「しんどい」って言えない人がいるかもしれないって、校長先生は心配しています。

なぜそんな心配をするのかというと、校長先生が小学生のときの、苦い思い出があるからなんです。五時間目に体育をしたときのこと。給食をたくさん食べて少し気持ちが悪くなってきました。そのときすぐに「先生、気分が悪いです」って伝えられたらよかったのですが、みんな一生懸命授業をしているので、先生に「しんどい」って言う勇気がなくて、我慢したまま体育を続けていました。そして、気分の悪さが絶頂に達して、とうとうその場で吐いてしまったのです。

みなさんには、校長先生と同じような経験はないでしょうか？　もしも、心当たりがあるという人は、こう考えるようにしてください。

「『しんどい』『苦しい』という言葉は、自分を大切にする言葉」なんだってね。自分を大切にするために、「しんどいです」「苦しいです」って先生に伝える勇気を持ってください。絶対に我慢してはいけません。

さっきも言いましたが、まだまだ暑い日が続きます。心配なのは熱中症です。遊んだり運動したりするとき、少しでも自分の体がおかしいと感じたら、遠慮なく先生に伝えるようにしましょう。先生方もみなさんの様子を観察するように注意していますが、自分の体の調子を一番分かっているのは、自分自身です。不安なことやおかしなことがあれば、そのことを伝える勇気が、自分を守ることになるのです。

自然環境について

温暖化について 〔朝礼〕

この夏も、いつも以上に暑い夏になりました。夏休みは終わりましたが、8月です。まだまだ暑さは続きそうです。

ところでみなさんは、「地球温暖化」という言葉を聞いたことがありますよね。地球があたたかくなっていくということなのですが、温暖化することで、どういうことが起こっているのか確認してみます。

「地球があたたかくなる」と聞くと、「冬があたたかくなって、いいことなんじゃない?」と考える人がいるかもしれません。しかし、地球温暖化が進むと、世界の気候が変わってしまいます。今まで豊かに作物が実っていた場所に雨が降らなくなって干ばつが起こります。一方で、集中的に雨が降って洪水が起こります。南極の氷が解けると、海の水が増えて、それまであった島が沈んでしまいます。気候の変化は、生物が生きる環境を変えるため、多くの生物が絶滅する危険があります。地球温暖化によって、住む場所を失ったり食料が不足したりして、私たち人間も大きく影響を受けています。ここ数年、異常に暑い夏が続くのも、地球温暖化の影響ではないかといわれています。地球温暖化は、私た

□**ねらい**
夏休み明け、健康と安全に気を付けるよう呼びかける。

August
8

ち人間だけでなく、地球のすべての生物にとって重大な問題になっているのです。

日本でも、今まで南の海で獲れていた魚が、北の海で大量に獲れるようになったり、以前はめったに起きなかったような集中豪雨や強風が発生したりしています。地球温暖化は、遠い国の話ではなく、私たちにとって身近な問題なのです。

地球温暖化問題が話題になり始めたのは、今からおよそ四十年前、１９８５年のことです。それまで、人間は石炭や石油を燃やしたエネルギーでものづくりや運搬を行ってきました。そのときに排出された二酸化炭素が地球温暖化の原因といわれています。

人間の活動で出された二酸化炭素が徐々に増えて、地球温暖化が進んできています。これから先も、想像もしないような暑さが襲ってくるかもしれません。おうちの人や先生からも注意を呼びかけますが、体の調子がいつもとは違っていると感じたら、すぐに報告したり、日陰で体を休めたり、運動をやめたりして、命を守る行動をしてください。

また、夏から秋にかけては、台風シーズンでもあります。最近の台風は、洪水を引き起こすような大雨を降らせたり、電柱や家が飛ばされるほど強い風が吹いたりします。溝や川などには近づかない、雨や風の日は外に遊びに出ないなど、危険から自分を遠ざける行動をしましょう。

健康と安全を第一に考えて、楽しく充実した二学期にしましょう。

■ポイント
体調管理や安全確保のためのポイントを自分自身で考えさせるように話を進める。

礼儀作法について

礼儀と作法は何のため？【朝礼】

この8月も、夏の甲子園大会が行われました。全国で野球をしている高校生が、それぞれの都道府県を代表して、甲子園球場で日本一を決める、伝統ある大会です。みなさんが暮らしている○○県の代表として、今年は、○○高校が出場しました。

校長先生も、何試合かテレビで観戦したのですが、高校野球でプレーする高校生の礼儀正しさに、いつも感心します。まず、試合が始まる前は、相手と向かい合ってお辞儀をします。バッターボックスに入るときにも、必ずお辞儀をしています。試合が終わった後も、勝ち負け関係なく整列して相手と向き合いお辞儀をします。ただお辞儀をするだけではありません。お辞儀をするときには、必ず帽子を脱いで行っています。その礼儀正しい姿が、本当に気持ちがいいのです。

先生が子どもの頃、遠足でお寺を見学したときのことです。お堂の中に入って、そこに置かれている仏像を見ました。そのとき、お寺の見学に来ていたお年寄りに、厳しく叱られたことを思い出します。小学生だった校長先生は、何と言って叱られたと思いますか？

「お寺の中だぞ。帽子を脱がんか！　罰当たりな！」

□**ねらい**

礼儀や作法は周囲の人に思いやりや気配りを伝えるために必要なことを理解させる。

August

8

お寺や神社など神聖な場所では、帽子を脱ぐのが常識です。そんな当たり前のこともできないのかと、お年寄りは厳しくたしなめてくれたのでした。この出来事があってから、校長先生は、お寺や神社はもちろん、建物に入るときは帽子を脱ぐように心がけています。人とあいさつを交わすときも同じように帽子を脱いでいます。甲子園の高校生が帽子を脱いでお辞儀をする姿を見て、気持ちがいいと感じるのは、そのせいかもしれません。

では、何のために、お辞儀をしたり帽子を脱いだりするのだと思いますか？

お辞儀をしたり帽子を脱いだりするのは、相手に対する気配りという意味があります。相手を認めて敬っていますよという自分の気持ちを伝えるために、相手に対して頭を下げたり帽子を脱いだりするのです。目上の人に敬語で話したり、人の家に行ったとき、玄関で靴をそろえたりするのも、相手を敬う気持ちや相手に対する気配りを表すものです。

二学期の始まりに、もう一度、自分の立ち振る舞いを見直してみましょう。先生と話すとき、敬語を使っているでしょうか？　知っている人と出会ったら、あいさつをしているでしょうか？　お辞儀をしながら「ありがとう」と伝えているでしょうか？　建物に入るときは帽子を脱いでいるでしょうか？

一つ一つの動作には、その人の気持ちが表れます。相手に対する気配りを表すことができるようになってほしいと思います。

■ポイント

身近な礼儀作法の場面を取り上げる。

誠実 【朝礼】

正直になる勇気

校長先生が小学校4年生のときの話です。

学校から帰った後、友達七人～八人と、村にあるお寺の境内で鬼ごっこやかくれんぼ、缶蹴りなど、体を動かして遊んでいました。いつもの遊びに少し飽きてきた私は、

「お寺の屋根に上って遊ぼうよ！」

と、友達を誘って、お寺の屋根に上る「冒険」を始めました。田舎のお寺とはいえ、屋根はなかなかの広さです。高いところから見る景色は、とても魅力的だった記憶があります。

「誰だ！　屋根に上っとるのは！　下りてこんかい！」

突然、下から和尚さんの大きな声が聞こえてきました。驚いた私たちは、急いで屋根の上を移動して、裏手から地上に下りて、見つからないように隠れていました。

「誰かおるのは分かっとるぞ！　出てこい！」

表の広場で和尚さんが怒鳴っています。恐ろしくて、私は身をかがめて隠れ続けていました。そのときです。

「おれ、行くわ！」

□**ねらい**

正直になることの難しさと大切さを伝える。

言い終わらないうちに、T君が和尚さんのいる広場に向かって飛び出していきました。

「黙ってるのはダメだもん。気持ち悪いもん」

和尚さんから叱られて私たちのところに戻ってきたT君の言葉に、私は強く自分を恥じたことを覚えています。

校長先生は、このときの出来事を思い出すと、五十年経った今でも、

「おまえは、T君だけに罪を着せて自分だけ助かろうとしたのか。おまえは卑怯者だ」

と、あのときの自分を責めることがあるのです。

（間を置き少し口調を変えて）正直になることは、勇気のいることなのだと思います。世の中では、毎日のようにいろいろな犯罪が起こっていますが、それらはすべて「不正直」な心から起こっていると先生は思うのです。正直になる勇気が持てないことが原因だと思うのです。

「分かりません」「間違えました」「ごめんなさい」「私が悪かったです」……

みなさん、正直に言うことができていますか？　自分が間違っていたと思ったら、自分が悪かったと思ったら、正直にそれを認める勇気を持ちましょう。謝る勇気を持ちましょう。

正直になる勇気を忘れなければ、きっと幸せがやってくると、校長先生は信じています。

■**ポイント**

体験談と、指導の話し方を区別する。

自己有用感

あなたは大切な存在【朝礼】

ある人から聞いたお話です。その方の奥さんは、子どもたちに
「お母さんはいらんから、あなたたちで食べなさい」

と、美味しいものを食卓に出したときよく口にするそうです。奥さんのその言葉に、最近では、「美味しいからお母さんも食べなよ」と、子どもたちも言うようになりました。

そんな家族の様子を見て、自分の小学生の頃のことを思い出したと話してくれました。

その人が大好物を食べていると、お母さんはいつも
「あなたたちが食べなさい。私はいらないから」

と、自分の食べ物を分けてくれたそうです。

この話を聞いて、校長先生は、今から六年前に亡くなった自分のお母さんのことを思い出しました。校長先生のお母さんも、子ども（校長先生だね）のためにー生懸命いろいろやってくれてたなあって。母親というのは、いつの時代も、子どものことを第一に考えてくれる存在なんだなあって、校長先生は思います。

□ねらい
子どもに、愛情に包まれて大切にされている存在だと伝える。

■ポイント
それぞれのエピソードを、しんみりと話す。

もう一つ、別の人から聞いたお話です。

先日、その方の知り合いがお亡くなりになりました。数年前から、出産と育児のためお休みをとられていたそうです。ところが、大きな病気にかかってしまい、治療の甲斐もなく亡くなってしまいました。お休みをとられている間、時折、お子さんを連れて職場に来ていたのですが、子どもを見てほほ笑む優しい顔が、とても印象的だったと、その人は校長先生に話してくれました。

この話を聞いて、校長先生は思いました。

「そのお母さん、生きたかったやろなあ。我が子の成長を肌で感じながら、自分の目で見守り続けたかったやろなあ。一緒に泣いて笑って悩んで喜んで……ずっと家族といたかったやろなあ。まだ幼い我が子を残して……無念だったやろなあ」……って。

みなさん。みなさんは、みなさんの家族にとって、とても大切な存在なのです。みなさんがケガをしたり苦しい思いをしたりすると、「自分が代わってやりたい」って思うのが親というものです。そのことを絶対に忘れてはいけません。大切な存在だからこそ、命を大切にしてください。不安や悩みがあったら、必ず家族に相談してください。あなたは、決して一人じゃないってことを、絶対に忘れないでくださいね。

夢や希望

百年後の世界は【朝礼】

（拡大紙またはプロジェクターで資料を提示）

- 女の人が大臣や大学長などになる
- 男性も女性も9割以上の人が洋服を着ている
- 都会では、アパートやマンションがたくさん建っている
- 二百人から六百人乗りの飛行機が客を運ぶ
- みんなが電波で連絡をとる

みなさん、この五つを見てどう感じますか。

「こんなの、当たり前だよ」って思うんじゃないでしょうか。

女性の大臣はいるし、東京都知事は（２０２４年12月現在）女性ですよね。女性の校長先生なんて、当たり前にいます。

みんなの中に、和服を着ている人は全くいませんよね。町の中で、洋服ではない人はめったに見かけないよね。

東京や大阪などの都会では、アパートやマンションに住んでいる人が多いですよね。都

□**ねらい**

社会は日々進歩していることを確認し、未来に希望を持たせる。

会で一戸建の方が少ないよね。

二百人～六百人乗りの飛行機が、お客さんを乗せて世界中を飛び回っていますし、今では、郵便よりも携帯電話やスマートフォンで連絡をとるのが当たり前になっているよね。

実は、この資料は、今から百年前のあるお医者さんが予想した、百年後つまり現在の日本の様子なのです。ぴったりと的中していますよね。

今から百年前の世の中は、女性が政治に参加したり社長や大臣などになったりするなんてできなかった時代です。みんな和服で生活していたし、街に鉄筋コンクリートの建物なんてほんの少ししかなかった。飛行機は発明されたばかりで普通の人は乗れなかったし、家庭向けの固定電話さえなかった時代です。

そんな時代に、このお医者さんが予測した百年後の未来は、当時の人が聞いたら、「ありえない」「馬鹿げた空想」と思われたでしょう。でも、私たち人類は、それらを実現してきたのです。すごいことでしょ？

みなさんは、今から百年後はどんな世の中になっていると思いますか？　もしかすると「こんなこと、絶対にありえないだろう」ということが現実になっているかもしれませんよ。例えば、月に住む人がいたり、海水からエネルギーをつくって使ったり、寿命が二百歳になっていたり……。

そう考えると、ワクワクしますね。そんな未来を創っていくのは、みなさんなのです。

■**ポイント**

現在を予想していた百年前の世界の様子を伝えて、飛躍的な進歩を実感させる。

【参考文献】

読売新聞オンライン（2018年1月9日）

偏見の防止

思い込みに気を付けよう【朝礼】

9月といえば、そろそろ涼しい風が吹いて秋が始まるというイメージがあります。校長先生が子どもの頃は、9月イコール秋という感覚でした。

ところが、ここ数年は、9月になれば涼しい風が吹いて……という思い込みは通用しません。9月イコール秋という思い込みで生活をしていると、大変なことになりますね。そこで、今日は、「思い込み」について考えてみたいと思います。

二学期になって登下校が始まりました。安全な登下校のために、おうちの方や地域の方が見守ってくださっています。登下校のとき、時々話題になるのが不審者です。声かけやスマートフォンでの撮影などに注意してください、などという不審者情報が流れることがあります。

この二枚の絵を見てください。

（A：サングラスにマスクの男性／B：スーツに眼鏡のインテリ風の男性の二枚のイラストを提示）

不審者と聞くと、みなさんはAとBどちらの人をイメージしますか？　Aをイメージす

□ねらい

偏見にとらわれず、物事を公平に判断する大切さに気づかせる。

る人は手を挙げて。Bをイメージする人は手を挙げて。

不審者と聞くと、なんとなくですがAのような人物のイメージが持たれます。でも、Bのような人が悪いことをしないという保証はありませんよね。どんな人であっても、見かけではなくてその人の行動の良し悪しで判断する必要があります。

次に、これから校長先生が言うものを頭でイメージして思い浮かべてみましょう。目を閉じてください。それではいきますよ。

「ゾウ」「犬」「へび」「お医者さん」

目を開けましょう。みなさんは、最後の「お医者さん」で、男性と女性のどちらをイメージしたでしょう。正直に答えてくださいね。男性をイメージした人は手を挙げて。女性をイメージした人は手を挙げて。

どうですか？　このように、私たちは思い込みで物事を見てしまうことがあります。

思い込みは時に、「あいつは嫌われ者だから、犯人はきっとあいつだろう」などと、人権を傷つけることがあります。「いつも大丈夫だから、今回も安全だろう」という思い込みで安全点検を怠り、危険に陥る場合もあります。

私たちは、思い込みの危険性をしっかり理解して、事実を自分で確かめ、善悪を自分で考えるようにすることが大切だと思います。

■ポイント

偏見にとらわれやすいことを子どもに気づかせる。

元気溌剌

自己暗示をかけよう【朝礼】

　夏休みが終わって、日にちが少し経ちました。まだ、休み気分が抜けなくて、授業に集中しづらい人もいるのではないでしょうか？

　こんな言葉があります。（プラシーボ と書いたパネルを提示）

「プラシーボ」または「プラセボ」ともいわれます。これは、どんなことかというと、例えば、バスに乗って遠足に行くときなどは、車酔いでしんどくならないか、とても不安になる人がいると思います。そこで薬を飲むことで、車酔いを防ぐと思います。確かに、薬は車酔いに効くのですが、「薬を飲んだから大丈夫」という安心感も、車酔いを防ぐ効果があるといわれています。これが「プラシーボ」効果といわれるものです。

　ですから、おうちの人が「酔い止めの薬だよ」といって、酔い止め薬ではなくラムネを飲ませたとします。飲んだラムネを酔い止め薬と信じている子は、「薬を飲んだから大丈夫」と安心して、結局車酔いをしなかったという実験の例があります。

　もしかすると、みなさんの中にも、バスの中で友達と楽しくお話をしていたら、酔わずに目的地まで着いたという経験がある人がいるのではないでしょうか。私たち人間の体は

□ねらい

意欲や元気を自分で呼び込むことの大切さを伝える。

不思議で、気持ちが体調に影響する場合がよくあります。

「病気」という漢字を思い出してください。（病気と書いたパネルを提示）

「病は気から」と書いて「病気」と言います。つまり「体の不調は気持ちによって起こる」ということです。

もちろん、すべての病気の原因が気持ちにあるというわけではありません。しかし、ガンになってあと少ししか生きられないとお医者さんから言われていた人が、「どうしても生きるぞ」という気持ちでいたら、何年も生き続けたという話や、家族と笑って過ごしているうちにガンが治ってしまったという話が、世界のあちこちで報告されています。人間の心と体は、確かにつながっているのですね。

「夏休みが終わって、しんどいなあ」「つらいなあ」なんていう気持ちで毎日過ごしていては、体まで壊してしまう危険性だってあります。「勉強がんばるぞ」「友達と会えて楽しいな」「今日は、どんな楽しいことがあるだろう」という気持ちで毎日を過ごすことができれば、きっと体調もよくなって元気もりもりで過ごすことができると思います。

みなさんは、今日の校長先生の「プラシーボ」についてのお話をどう思いましたか？もし、毎日元気に笑って過ごしたいと思うのなら、「元気」「楽しい」と本当に自分が思い込むくらい、「私は元気」「今日も楽しい」と何度でも心で繰り返しつぶやくようにしてみてください。

■**ポイント**

子どもを楽しく元気にする話し方を心がける。

自然を愛する心

「かおり」を感じる力【朝礼】

10月に入って、日中はまだ暑い日が続きますが、朝夕の日差しが、とても柔らかくなってきました。

先日、家の近所を散歩していると、風に乗ってキンモクセイの香りが漂ってきました。みなさんは、キンモクセイの香りを知っているでしょうか？　学校の近所にもキンモクセイを植えているおうちがあるので、おそらく、その香りをかぎながら登下校している人も多いと思います。お手洗いの芳香剤にもキンモクセイの香りがよく使われていますね。もし、キンモクセイの香りがよく分からないという人がいたら、おうちの人に教えてもらうといいですね。

キンモクセイの香りがすると、校長先生は「秋が来たな」と感じるのです。それは、先生が幼い頃、ちょうどみなさんと同じ小学生だった頃から、秋になるとあちこちに植えてあったキンモクセイが花を咲かせ、辺り一面に香りを漂わせていたからだと思います。

キンモクセイの香りは、秋が来たことを校長先生に教えてくれるだけではありません。

秋は日が暮れるのが早くなります。遊びに夢中になって、薄暗くなってしまった田舎道を、

□**ねらい**

感性を豊かにして生活を送るように伝える。

■**ポイント**

体験談は、話者それぞれの実体験を話材として子どもに伝わりやすくする。

慌てて家まで走って帰った思い出や、運動会の練習でうまく演技ができなくて先生に叱られた思い出などが、秋の思い出としてキンモクセイの香りとともによみがえってくるのです。キンモクセイの香りが漂うと、校長先生が教師になってからのいろいろな出来事も思い出されます。校長先生にとって、キンモクセイの香りは、秋の記憶を思い起こさせてくれる、記憶のスイッチともいえるものなのです。

「食欲の秋」「読書の秋」「勉学の秋」などといわれますが、秋は日本人にとって充実した生活を送ることができる素晴らしい季節です。

校長先生は、プラスして「香りを感じる秋」と付け加えたいと思うのです。

（画用紙で かおりを感じる秋 という文字を提示）

最近の研究では、香りは記憶を支配する「海馬」という脳の部分に直接働きかけることが分かってきました。キンモクセイの香りが漂うと、昔の記憶がよみがえってくるという校長先生の経験は、医学的に説明することができるというわけです。

キンモクセイだけでなく、秋になると、身近なところでたくさんの香りを見つけることができるはずです。秋の香りの中で、今の自分にしかできないこと、今だからこそできることにどんどん挑戦していきましょう。みなさん、積極的に秋の香りを見つけてみてください。「香りを感じる秋」が、大人になったとき、小学校時代の素敵な思い出としてみなさんの記憶に残るはずです。

自己判断 〔朝礼〕

自分で確かめ、自分で考え、判断する

みなさん、「フェイク」って聞いたことありますか?

そう。「うそ」「にせもの」っていう意味だね。最近、テレビやインターネットで「フェイク画像」「フェイク動画」などという言葉をよく聞くようになったよね。

コンピューターの技術が一気に進んで、最近ではAI・人工知能がめざましい発展を遂げているのは知っているよね。みんなの中にも、AIを利用してみたことのある人がいると思います。ちなみに、AI、例えば「ChatGPT」とか「Gemini」っていう名前を聞いたことがあるという人はどれくらいいる? じゃあ、実際に使ってみたという人?

このAI技術の進歩で、本物と見分けがつかないうその画像や映像を作ることができるようになったようです。日本の総理大臣のフェイク動画が流されて話題になったのを覚えている人もいると思います。

では、このようなうそや偽物にだまされないようにするには、どうすればいいのでしょうね? だまされないために、こんないい方法があるよっていう人は、教えてください。

□**ねらい**

うわさや偏見にとらわれず、自分で確かめて判断することの大切さを伝える。

October 10

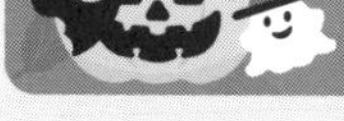

なるほどね。みんなしっかり考えてくれてありがとう。校長先生は、こう思います。

まず、インターネットだけでなく、学校など身近なところでも、同じようなことって起こる可能性があると思うのです。

例えば、うわさ話なんか、そうですよね。「○○さんって、こんなこと言っていたらしいよ」「○○君って、こんなひどいことしていたんだって」などと、うわさが流れることがあるかもしれません。そんなとき、もしも、それが事実ではないのに信じてしまったとしたら、それはだまされたっていうことになるよね。

今の時代は、LINEなんて道具もあるから、もしもうわさにだまされてLINEで流したら、うそをばらまくことになりますよね。それって、大変な罪だと思いませんか？だまされるだけでなく、自分がだます側になってしまう危険があるのですね。怖いね。

それを防ぐためには、必ず自分で確かめることが大切です。もし、確かめきれなかったとしたら、特に人を悪く言うようなうわさは、信じないで無視をするのが一番だと思います。

これから、AIがもっと発展していくでしょう。そのような時代だからこそ、しっかり自分で調べたり確かめたりして、そのうえで自分の頭でいいか悪いかを考えて判断することが大切だと思います。

■ポイント

うわさや偏見にとらわれやすいことを自覚させる。

目標を決めて

「○○の秋」を実現しよう【朝礼】

10月になり、これから秋が深まっていきます。

みなさん。これを見てください。

（○○の秋 と書いたパネルを提示）

この「○○」には、どんな言葉を入れますか？　考えてみましょう。このパネルには「○」は二個しか書いていないけど、何文字でもいいですよ。

まずは静かに声を出さないで、考えてみましょう。はじめ。


では、聞いてみようかな。発表してくれる人、手を挙げて。

（あらかじめ、他の教師に、発表する子にマイクを持っていく役割を頼んでおき、意見はホワイトボードに書く）

たくさんの意見が出ました。さすが○○小学校の子どもたちですね。

では、みなさんが考えてくれた「○○の秋」が、言葉だけではなく実際に「○○の秋」になるために、自分にどんなことができるか考えてみましょう。

□**ねらい**
充実した10月を送るために、自分にできることを考えさせる。

■**ポイント**
子どもとのかけ合いを行い、自分のこととして考えさせる工夫をする。ホワイトボードを活用する。

じゃあ、「読書の秋」にするために、みんなは例えばどんなことができるか、どんなことをすればいいか考えてみましょう。

例えば、毎日意識して読書に取り組むことができますね。一日に一冊とか二冊とかは無理かもしれないけど、10ページとか10分間とかなら、十分やることができますね。素晴らしいです。ぜひ、「読書の秋」に取り組んでみてください。

続いて、「スポーツの秋」にするために、どうすればいいでしょう?

例えば、毎日10分間縄跳びをするとか、公園をランニングするとか、いろいろなことが考えられると思います。がんばって素晴らしい「スポーツの秋」にしてくださいね。

今、この場で意見を言うことはできなかった子も、一人一人が、本当に「○○の秋」にするために、実際に何ができるのかしっかり考えて、行動できるといいですね。

畏敬の念

大きな力を敬う気持ちを 〔朝礼〕

（神無月 と書いたパネルを提示）

この漢字、読むことができますか？

読むことができる人がいました。すごいね。神様の「神」に「無い月」と書いて、「かんなづき」と言います。

みんなで一緒に読みましょう。「かんなづき」　はい。

「かんなづき」って、何のことかなあ？　知っている人はいますか？

昔は10月のことを「神無月」って言っていました。ところが、日本全国の中で、10月を「神無月」と言わない場所があります。日本には四十八の都道府県がありますが、この中で10月を「神無月」と言わないのは、どこだと思いますか？

10月を「神無月」と言わないのは、私たちが住んでいる○○県ではなく、なんと島根県なのです。（日本地図を準備して、島根県の位置を示す）

他の都道府県では、「神無月」と言うのに、島根県だけは10月をこのように言います。

□**ねらい**
謙虚さや感謝の気持ちの大切さ、自己中心的な言動への戒めについて説く。

（神在月 と書いたパネルを提示）

読むことができますか？　これは「かみありづき」と読みます。「神様がいる月」という意味になりますね。なぜ、島根県だけが「神在月」で、他は「神無月」と言うの？　不思議に思いませんか？

これは、日本の神話が関係しています。今の島根県は、昔「出雲」と言われていました。今も、出雲大社という有名な神社がありますね。昔、神話の時代。10月になると、日本中の神様が出雲大社に集まって日本を豊かにするための会議を開きました。出雲以外の場所には神様がいなくなりますね。だから日本全国で10月を「神無月」と言います。反対に出雲の国には全国から神様が集まるので、島根県だけは「神在月」と言うのです。

このように、日本では、昔から、すべてのものに神様が宿っているとして、目に見えないものを敬い、感謝してきました。山や森や海などの自然にも、田畑に実る作物にも、人が作ったものにも、あらゆるものに神様が宿るとして敬い、神様に見守られ支えられていると考えて、自然を畏れ感謝してきたのです。

今、地球は温暖化や自然破壊が問題になっています。人は自分の勝手な都合で戦争や争いを引き起こしています。自然や周りの人に感謝の気持ちがあれば、自分勝手な行いはできないはずです。まず、自分自身をよく振り返って、自己中心的な考え方や行動を控えることから始めなくてはならないと思います。

■**ポイント**

日本の伝統的な自然観や価値観を紹介する。

約束を守る

約束を守るのは誰のため？ 【朝礼】

今日は、なぞなぞから話を始めたいと思います。

なぞなぞ。「破れば破るほど、『うそつき』って思われるもの、なぁんだ？」

繰り返します。「破れば破るほど、『うそつき』って思われるもの、なぁんだ？」

答えは「約束」です。約束を破ると、相手からの信用を失ってしまいますよね。

みなさんは、約束をするときに歌う歌を知っていますよね。

「指切りげんまん　うそついたら　針千本飲～ます」っていう歌です。針を千本も飲むなんて、絶対に無理な話ですけど、それくらい約束するっていうことは重いことなんだよって、言っていることになります。

校長先生が子どもの頃、友達と学校で遊ぶ約束をしていたのに、その約束をうっかり忘れてしまって、他の友達と遊んでしまったことがあります。わざとではなかったのですが、校長先生と約束をしていた子は、とてもショックだったと思います。何度も謝って、許してもらうまで少し時間がかかったことを覚えています。

もしかすると、みなさんの中にも校長先生と同じような経験があるよっていう人はいる

□**ねらい**
約束の意味や重要性について確認させ、守る意識を促す。

October
10

でしょうか？　同じようなことあったよっていう人は、心の中でそっと手を挙げてください。

校長先生もみなさんも、同じ人間ですから、友達とした約束をうっかり忘れてしまうということは、あると思います。そのときは、全身全霊で謝りましょう。真剣に謝る姿を見て、相手も「うっかり忘れることもあるよね」って、必ず許してくれると思います。反対の立場だったら、真剣に謝ってくれたら、相手を許してあげましょうね。

しかし、「うっかり忘れ」も、何度も何度も繰り返すと、相手からの信用を失ってしまいます。「私との約束を軽く考えているんじゃない？」なんて、友達から思われるかもしれません。約束破りが続けば、「うそつき」って言われる危険性があるかもしれません。

ですから、どんなに小さいと思うような約束でも、友達と交わした約束は、必ず守るように心がけなくてはなりません。もし、何か事情ができて、約束が守れなくなってしまったら、できるだけ早く相手に伝える努力をしましょう。「明日、遊ぶ約束してたけど、ママと買い物に行くことになったから、ごめんなさい」というように。そしてもし、約束を守れなくなったことを伝えられて謝られたら、「じゃあ、また時間が合うときに遊ぼうね」って、快く許してあげてほしいのです。それが、本当の仲の良い友達です。それが相手に対する思いやりというものです。

友達といろいろな約束をするときには、今日の校長先生のお話がみなさんの役に立てばうれしいです。

■**ポイント**
日頃の約束に対する意識を振り返らせる。

体力づくり

東京オリンピックを知ってる？［朝礼］

毎年、10月の第二週目の月曜日は、祝日で学校がお休みになります。「スポーツに親しみ、健康な心身を培う」という目的で、祝日になっています。今年は10月○日です（でした）。この祝日・お休みは、何の日か知っていますよね？

そうですね。「スポーツの日」という祝日です。（スポーツの日 と書いたパネルを提示）現在は、第二月曜を「スポーツの日」としてお祝いするのですが、2019年までは「体育の日」（体育の日 と書いたパネルを提示）という呼び方をしていました。

「体育の日」は、1966年から始まったのですが、現在のように10月の第二月曜ではなく、1999年までは10月10日と決まっていたのです。

ここで、みなさんに問題です。「体育の日」は、1964年の10月10日に行われた、あるイベントをお祝いしてつくられました。1964年10月10日には何が行われたのでしょう？

□ねらい

健康に留意して、体力づくりに関心を持たせる。

■ポイント

「スポーツの日」の歴史を伝え、運動への興味を促す。

October 10

正解は、東京オリンピックです。1964年10月10日、アジアで初めて開催されたオリンピックである東京オリンピックの開会式が行われました。それを記念して「体育の日」が祝日と決められたのです。

そのときの東京オリンピックで、日本は金メダル十六個を含む二十九個のメダルを獲得しました。東京オリンピックの影響で、日本全国でスポーツが盛んに行われるようになったといわれています。

そのおよそ六十年後。2021年には、再び東京でオリンピックが開催されました。覚えている人も多いと思います。二回目の東京オリンピックは、本当は2020年に開催される予定だったので、2020年から、それまで「体育の日」としていたのを「スポーツの日」に変更したのです。「スポーツの日」は、二回目の東京オリンピックを記念して名付けられた祝日といっていいのです。

10月に体力づくりやスポーツに親しむイベントが全国各地でたくさん開催されるのは、このような理由があるからだといえます。

このところ、ようやく暑さも落ち着いて、秋の始まりを感じるようになりました。「スポーツの秋」という言葉もありますが、暑さも和らいだこの季節は、体を動かして健康づくりをするのに適しています。みなさんも、できるだけ体を動かして体力づくりをして、健康を心がけて生活するようにしてください。

努力の大切さ

気づかないけど確実に【朝礼】

（B4かA3大のコピー用紙を50㎝程度に積み上げたものを演台に置き、太字のマーカーペンを準備しておく）

（用紙を入れる箱には、子どもに見えるように、「かなえる箱」と表記）

みなさん、ここに紙が積み上げられています。見えるよね。

この紙、一枚に、一つ「がんばること」を書きます。例えば、最初の一枚には……

（紙を一枚上から取って、演台の上で 10分走る と書いて提示）

書いた紙は、こちらの「かなえる箱」に入れます。

この箱は、「願いをかなえる箱」という意味で、「かなえる箱」って名前をつけました。

この箱の中に、一日一枚ずつ、がんばることを書いた紙を入れていきます。今、こちらから一枚、がんばることを書いた紙を「かなえる箱」に移しました。みんな、こっちの紙の山が、少し低くなったのが分かりますよね？

そうか。確かにほとんど変わらないよね。じゃあ、明日は二日目だから、もう一枚こっちに移したら、紙の束の高さが低くなるのが分かるかなあ？

□**ねらい**

努力すれば確実に力が身に付くことを伝える。

■**ポイント**

結果は、すぐには見えないことを、紙の束や米粒などを活用して分かりやすく伝える。

（もう一枚、「かなえる箱」に移す）

じゃあ、いつまでたっても、この束は同じ高さのままなのかなあ？

そうだね。目には見えないけど、毎日一枚ずつ移していけば、こっちの束が低くなって、「かなえる箱」に入れる紙の高さが高くなっていくよね。

努力って、そういうものじゃないかなあって、校長先生は思うんです。一回や二回くらいがんばっても、いきなり力が上がったり、できるようになったりするものではありませんよね。

一回分の努力は、この紙一枚くらいの高さで、目には見えないものかもしれません。でもね、ほんのわずかであっても、ゼロではないんですよね。少しずつでも、毎日毎日毎日、続けていけば（紙を一枚ずつ「かなえる箱」に移しながら話す）、知らない間に積み上がっているんですね。この紙のようにね。

みなさん。何かやりたい、できるようになりたいって思うなら、あきらめないで努力を続けましょう。その努力は無駄ではないよ。ゼロではないんですよ。

大きな視野で

悩んだときは空を見上げよう【朝礼】

（地球儀を準備して、それを演台に置いて話をする）

これは、何か知ってますよね。

本物の大きさではないけど、みなさんが今いる地球です。この中で、日本はここにあるのですが（日本を子どもの方に向けて、見せながら）、地球の大きさからすると、日本はとても小さいですね。

みんなの家から小学校まで、歩くと結構遠いなと思う人がいるかもしれませんね。6年生は、修学旅行で○○まで行ったとき、電車やバスに乗って、時間がかかったと思いますが、地球全体から見ると、日本の大きさはこんなものなんですね。

ところで、みなさんはこの地球上で生活しているわけなんだけど、地球の外には何があるか知っているよね。

地球の外には宇宙があります。宇宙の中には、たくさんの星があって、太陽も星の一つ

□**ねらい**

悩みや苦しみも、大きな世界から見れば些細なことだと伝える。

だね。では、地球の大きさを一円玉（直径２㎝）とすると（一円玉を子どもに見せて）、太陽の大きさはどれくらいだと思いますか？

なんと、直径２ｍくらいです。（手を広げて「これくらいの円」と示す）

じゃあ、私たち人間が発見している太陽のような星の中で一番大きな星は、地球を一円玉とすると、どれくらいの大きさがあると思いますか？

なんと、およそ４・４㎞だそうです。この小学校から○○までの円になるんだそうです。もしかすると、人間が知らないだけで、もっと大きな星があるかもしれませんね。

そんな、大きな星々が、数えきれないほど存在する宇宙って、どれくらい広いのか想像がつきません。宇宙の広さって、誰も知らないんだよ。

みんな、生きていたら、楽しいことばかりじゃなく、つらいことに出会ったり悩んだりすることもあるはずです。でも、私たちは限りなく大きな宇宙に包まれているのです。そう思うだけで、私たち人間の悩みなんか、ちっぽけで大したことないって思えませんか？

つらいことがあったとき、悩んだときは、空を見上げてください。

■ポイント
宇宙や世の中の広さに心を向けさせる。

自然の豊かさを感じる

美しい秋を感じよう【朝礼】

夏が終わって秋に入って、どんどん日にちが経って11月になり、秋も本番になってきました。ところで、秋が進んでいくことを、「秋が深まる」という言い方をします。

（秋が深まる と書いたパネルを提示）

「秋が深まる」という言い方、聞いたことがあるよ、知っているよという人、手を挙げましょう。「秋が深まる」という言い方は、とても美しい日本語だと校長先生は思います。

季節の中で、「深まる」と言うのは、秋だけです。「春が深まる」とか「夏が深まる」なんて言い方はありません。

では、なぜ「秋が深まる」なのでしょう？「深い」という言葉には、物差しやメジャーで測ることができる長さという意味の他に、色が濃くなるという意味があります。「秋が深まる」と聞くと、山の景色の赤や黄色がだんだん濃さを増してくるというイメージが思い浮かびます。「秋が深まる」……。なんとも日本らしくて美しい表現ですね。

日本には春夏秋冬の四季があり、それぞれの季節によって景色が異なります。特に、秋は、木々の葉が赤や黄色に色づいて、街の中も遠くに見える山々も美しいいろどりを見せ

□**ねらい**
周りの景色や自然の美しさに目を向ける余裕の大切さを説く。

■**ポイント**
自然界の秋の現象を取り上げながら話す。

てくれます。

それだけではありません。秋になると、あちこちで美しい音が聞こえてきます。稲刈りを終えた田んぼの中からも、枯れ葉色の草むらの中からも、コオロギやスズムシ、ウマオイやマツムシなど、たくさんの種類の虫が美しい音色を奏でてくれます。

少し前のデータになりますが、小学生の半数以上が、放課後の時間「忙しい」と感じているという調査結果が報告されています。ここに集まっているみなさんの中にも、放課後、習い事や塾があってゆっくり過ごす時間がないと感じている人がたくさんいると思います。

もちろん、忙しいことがすべて悪いとは思いません。夢を持って、夢に向かって目標を決め、この時期に努力してがんばることは素晴らしいことです。でも、時には息抜きも必要です。一度体を縮めなくては、高くジャンプすることはできません。同じように、自分の力を伸ばすためには、時には力を抜いて心に余裕を持つことが必要だと思います。

力を抜いて周りの景色に目を向けてみましょう。近くに遠くにあちらこちらに、秋の深まりを感じることができるでしょう。気を楽にして耳を澄ましてみましょう。秋の音が全身に沁み入ってくることでしょう。

みなさんが、秋の深まりを感じることのできる豊かな心を持つ人になってくれることを願っています。

【参考文献】
ベネッセ教育総合研究所「第2回 放課後の生活時間調査」

備えの大切さ

厳冬に備える【朝礼】

テレビや新聞で、紅葉に関する話題が多く見られるようになりました。日本各地の観光地での紅葉の見どころポイントが紹介されていますが、どの観光地もとても美しく色づいていますね。

ところで、イチョウやカエデなどの葉は、なぜ秋になると、黄色や赤になるのでしょう？ イチョウやカエデなど、秋になると葉が黄色や赤に変化する木は、一年の中で気温や太陽の当たる時間が変わる場所に生息しています。日本がそうですね。一年の中で春夏秋冬の季節があって、夏と冬の気温の差も、日が当たる時間（日照時間と言います）の差もとても大きいです。

日本のような気温や日照時間の差が大きい地域に生えているイチョウやカエデなどの木は、気温が高くて日光がよく当たる夏にエネルギーをたくさんつくって成長します。反対に、気温が低く日光に当たる時間が少ない冬は、エネルギーをつくらないで、じっと耐えています。エネルギーは葉っぱでつくられるので、エネルギーをつくらない冬に葉っぱは必要ありません。だから、イチョウやカエデは、冬になると葉を落とすのです。

□**ねらい**
いざというときのために、日頃の備えの大切さを伝える。

■**ポイント**
身の回りの事案や寓話を活用して、内容を分かりやすくする。

秋になって冬に近づくと、イチョウやカエデの葉が緑から黄色や赤に変わるのは、必要がなくなった葉っぱを、木から落として冬を越す準備をするためです。

　寒く厳しい冬を越す準備をするのは、イチョウやカエデなどの植物だけではありません。熊は厳しい冬を越すために、穴の中にこもって、春が来るまで長く深い眠りにつきます。冬に眠ると書いて冬眠と言いますね。眠っていてもエネルギーは必要ですから、長い冬を眠って過ごすために、特に秋には木の実や魚や小動物をたくさん食べて、体の中にエネルギーの元を貯えておきます。

　アリは、食べ物が少なくなる冬に備えて、夏や秋の間に食料をたくさん集めておき、土の中の巣に持って帰って貯えておきます。「アリとキリギリス」という話があります。キリギリスは、夏に遊んで過ごしたために、厳しい冬の間の食べ物がなくて困ってしまいます。

　みなさんは、小学生の今の時期に、しっかり勉強をして、しっかり体力をつけておく必要があります。それは、いつか大人になったとき、世の中で幸せに暮らすために必要なエネルギーを貯えておかなくてはならないからです。

　イチョウやカエデや熊やアリたちと同じく、みなさんは知恵と工夫と努力によって、今の学年で学んだことをしっかり貯えて、次の新しい春を迎えて、一回り大きく成長してほしいと思います。

叱られる意味 ［朝礼］

大切だから叱る

みなさん。徳川家康という人を知っていますか。6年生は社会科で習ったから知っていると思うけど、名前くらいは聞いたことがあるという人は多いと思います。今日は、徳川家康のお話をします。

家康は、今からおよそ五百年前に生まれました。その頃の日本は戦国時代といわれていて、全国各地で戦いが起こっていました。家康は小さくて弱い大名の家に生まれたので、家康のお父さんは、力の強い大名に、幼い家康を人質に出しました。

家康の幼い頃の名前は、竹千代と言いました。竹千代が今川義元という、当時、東海地方で一番強いといわれていた大名に人質に出されていた頃のお話です。

今川義元は、家来にこう命令しました。

「竹千代には、むごい教育をしなさい」

「むごい」というのは「ひどい」「残酷」という意味です。ここで質問です。今川義元が「竹千代には残酷な育て方をしなさい」と家来に命令した「残酷な育て方」というのは、例えば、どういう育て方だと思いますか？　考えてみましょう。

□**ねらい**

叱られたり注意されたりするのは、大人の愛情だと気づかせる。

「むごい教育」というのは、虐待的なイメージかな？　虐待は絶対にダメですね。

でも、違うんですねえ。今川義元が家来に命令した「むごい教育」というのは、例えば、「竹千代が欲しいと言うものは、何でも与える」「竹千代が、やりたいと言うことは、好きなだけやらせる」「反対に、やりたくないと言えば、その通りやらせない」。

つまり、何でも竹千代の思い通りになるようにすることを「むごい教育」と言うのです。だから、竹千代が何か人に迷惑をかけるようなことをしても、それを許して絶対に注意しない。勉強が嫌だと言えば、注意しないで、その通り勉強させない。そんな育て方をしなさいって、今川義元は家来に命令したんですね。

さあ、みなさん、どうでしょう？　みなさんが間違ったことや悪いことをしたら、先生もお父さんお母さんも、厳しく注意したり叱ったりするんじゃないですか？　なぜ、お父さんやお母さんは、みなさんを叱るんでしょう。厳しく注意するのでしょう？


ここにいるみなさんは、とても大切な存在です。大切に思われているからこそ、間違ったことをしたり悪さをしたりしたら、叱られるのですね。叱られることは、愛情があるってことです。とてもありがたいことなのですね。

■ポイント
子どもが経験しているであろう場面を取り上げる。

言行一致 【朝礼】

「大きな言葉」と「小さな行い」

みなさんの中には、「将来こんな仕事をしたい」「こんな人になりたい」という夢を持っている人も多いと思います。みなさんはまだ小学生。今描いている夢を叶えて実現する可能性を、ここにいる全員が持っていると、校長先生は思っています。

世の中には、夢を叶えて有名になったり世界で活躍したりする人たちがたくさんいます。子どもの頃に宇宙に憧れていた人が実際に宇宙飛行士になっています。プロサッカー選手になりたいという夢を実現して、ヨーロッパで活躍している人もいます。野球が大好きで、プロ野球選手になりアメリカに行ってメジャーリーグでプレーする人もいます。

このような、大きな夢を実現させた人たちに共通することが二つあるのではないかと校長先生は思うのです。

一つ目は、「夢を言葉で表している」ことです。スポーツや科学、音楽など様々な分野で自分の夢を叶えている人は、小中学生のときから、「プロ選手になる」「世界で活躍する」「オリンピックに出る」などの夢を、卒業文集や日記などに残したり周囲の人に話したりしています。

□**ねらい**

目標を持ち、行動することが、心を鍛え能力を高めることだと理解させる。

■**ポイント**

夢を実現させた人の具体例を取り上げてもよい。

自分の夢を言葉で表して伝えることは、とても勇気と決意が必要だと思いませんか？たとえ小学生であっても、5年生や6年生になってから「プロ野球選手になる」「宇宙飛行士になる」などと表明するためには、夢を叶えるために目標を決めて真剣に努力するという覚悟が必要だからです。何の覚悟もなく努力もしないで「プロになる」なんて言っても、誰からも信じてもらえないし、馬鹿にされるかもしれませんね。だから、「こうなりたい」と、「大きな言葉」で夢を語る人は、夢に向かうための覚悟と努力をしている人だともいえるのです。だから、夢を実現することができるのではないでしょうか。

夢を実現させた人に共通することの二つ目は、「小さな行い」です。例えば、毎日10分間ランニングや読書などをする、そのスポーツで使う道具を大切にして手入れをする、必ずあいさつをする、ごみを拾う……。「えっ？　そんなこと？」っていうような小さな行いを続けていました。もしかすると「簡単だよ」って思うかもしれません。でも、自分の毎日を振り返ってみてください。自分で決めたことを毎日続けることの難しさを、みなさんが一番知っているのではないでしょうか？

11月は実りの秋です。みなさんが将来大人になったとき、自分の人生を実らせるためのお話をしました。

「大きな言葉」と「小さな行い」のお話、心に残してくれるとうれしいです。

感謝で一年を終える

母の恩に報いる 【朝礼】

早いもので、今年も最後の月となりました。ついこの前まで、「暑い！　暑い！」となっていたのに、最近は「寒い！　寒い！」と、夏の頃に戻ってほしいなって思ってしまいますよね。そんなとき、自分って本当にわがままだなあって反省してしまいます。今日の20○○年最後の全校朝礼は、「感謝の気持ちで今年を終えよう」というお話をします。

校長先生の知り合いのお母さんの話です。その方のお母さんは、当時の田舎では珍しく会社勤めをしていました。周りの友達とは違い、学校から帰ってきてもお母さんは家にいません。「おかえり」と迎えてくれるお母さんがいない家に帰ることを、ずいぶん恨めしく思ったそうです。「会社を辞めて家にいてほしい」と、何度もお母さんにお願いしたそうです。それでも彼の願いを受け入れてはくれなかったお母さんのことを、恨めしく思ったそうです。そんな彼から、校長先生は、心の温まる素敵なお話を聞きました。

その人が暮らしていた○○の冬はとても寒いのだそうです。12月にもなれば、みなさんが住んでいるこの○○もかなり寒いですが、今から五十年も前のことです。エアコンも床暖房もなく、朝起きると白い息が見えるような寒い部屋の中で、重い布団を重ねて寝るの

□**ねらい**

感謝の気持ちで一年を終える大切さを伝える。

■**ポイント**

最も感謝しているであろう、母親を話材に取り上げる。

December 12

が当たり前でした。

布団が温まっても、足先は冷たいままで寒くて冷たくて、なかなか寝つくことができません。布団にもぐり込んで丸く縮こまって震えているその人の足元に、お母さんが来てくれるのです。「こんなに冷とうなって……」と、温かい手で足を包んで、もんでくれるのです。お母さんの手のぬくもりが冷たい足に伝わっていき、しばらくすると足先からぽかぽかとした温もりが体中を巡り始め、知らぬ間に眠りに落ちていったそうです。

その人は、五十歳を過ぎた頃になって、冷え込みがきつい夜は、そんなお母さんの思い出がやたらに浮かぶようになったといいます。仕事で疲れていたにもかかわらず、寒い部屋の中で自分を温めてくれたお母さん。

「あ〜。お母さんの愛情とは、なんて深いのだろう。ありがたいのだろう」

そんな母の愛情に恩返しをしたいと思ったときには、すでにお母さんは亡くなっています。「なぜ、生きているときに、しっかり恩返しをしてあげられなかったのか」と、その人は後悔してもしきれないと、校長先生に語ってくれました。

みなさん。もうすぐ20○○年が終わります。みなさんが、こうして健康に過ごすことができるのは、おうちの人がみなさんを陰に陽に支えてくださっているからです。そのことを忘れないで、感謝を持って、20○○年を終えるようにしましょう。

安全第一 【朝礼】

世の中が忙しい時期に

12月のことを、昔はこのように言っていました。

（師走 と書いたパネルを提示）

読める人、読んでみましょう。

すごい。読むことができる人がいます。そう、「しわす」と言います。みんなで読んでみましょう。「しわす」はい。

「師」というのは師匠・先生のことだね。師匠・先生が走り回るほど忙しい月という意味なのですね。まあ、最近の先生は12月以外でも忙しく走り回っているけどね。

12月になると、世の中がとても忙しくなります。一年間の終わりなので、仕事もまとめの時期で、みんなあちこち走り回らなくては間に合わないから忙しいのですね。

警察の調査結果では、交通事故が最も多いのが12月だそうです。世の中が忙しくてあわただしい時期だから交通事故も増えるのかもしれませんね。

最近、校長先生が学校を見回っていると、「危ないなあ」と思う場面を見ることが増え

□**ねらい**

事故等が多くなる時期に、安全な生活を意識させる。

December 12

ました。では問題です。学校で「危ないなあ」という場面には、どんな場面が考えられますか？

「廊下を走る」という意見です。その通り、危険ですよね。特に曲がり角の場所は見えづらいので、出会い頭に力いっぱいぶつかってしまう危険があります。当たりどころが悪かったら、大ケガをしてしまいます。廊下を走らないというきまりは、安全を守るためにあるのです。廊下は落ち着いて歩くようにしましょうね。他には？

「運動場でボールを蹴る」。なるほど。○○小学校の子は元気です。休み時間になると大勢の友達が運動場で遊んでいます。大勢の友達がいる中で、ボールを蹴って、顔や頭に当たるととても危険ですね。決められた時間以外は運動場でもボールは蹴らないことも、みなさんの安全を守るための大切なルールなのですね。よく覚えておいて絶対に守りましょう。

このように、学校のきまりの多くは、みなさんの安全を守るために決められています。世の中が忙しくせわしなくなるこの時期は、みなさんの気持ちも落ち着かなくなってきて、決められた学校のきまりを忘れてしまうことが多くなります。

あわただしい「師走」ということを意識して、今まで以上に安全に気を配って学校生活を送るようにしましょう。また、登下校時や放課後など学校外で活動するときには、一層、安全に気を配るようにしてください。

■ポイント
日常に潜む危険に気づかせるような話材選びをする。

自律の心

いつも心に妖怪を〔朝礼〕

12月はまとめの時期です。勉強も身の回りも、新しい年を迎えるために、この12月におさらいをしたり整理整頓をしたりすることが大切です。

ところで、まとめをする12月。みなさんの周りには、妖怪がたくさん集まってくるのを知っていますか？

代表的な妖怪を紹介しましょう。これです。

(下のような妖怪の絵のパネルを提示)

この妖怪。名前を「ぺらりひょん」と言います。どんな妖怪なのか、校長先生が紹介するので、よく聞いておいてね。

「ぺらりひょん」は、机の中で乱れてぐちゃぐちゃになったプリントの恨みから生まれる妖怪です。「ぺらりひょん」に取り憑かれると、整理整頓ができなくなり忘れ物も

□**ねらい**

自分を律する心を持つ大切さを伝える。

■**ポイント**

妖怪を活用して子どもの興味をひきつける。考えられる妖怪を自分で作成してみるとよい。

December 12

ひどくなります。まさか、みなさんの中に「ぺらりひょん」に取り憑かれている人はいないでしょうね？　教室の机やロッカーはきれいに整理整頓してありますよね？

もし、「ぺらりひょん」に取り憑かれそうな人がいたら、すぐに整理整頓してくださいね。身の回りを美しくしておけば「ぺらりひょん」は退散していきます。

12月には「ぺらりひょん」の他にも、いろいろな妖怪が現れるので気を付けてくださいね。残念ながら、姿を描いた絵が準備できないので、みんな頭で想像しながら聞いてね。

その一人が、「ちょっと待て造」。（ホワイトボードやパネルに ちょっと待て造 という文字を提示）「ちょっと待て造」は、廊下や教室を走り回ったりする子の前に立ちふさがって「ちょっと待てい！」と、大声で怒鳴って驚かす妖怪です。安全を願ういい妖怪なんだけど、声と姿にショックを受けるので、絶対に廊下や教室では走らないように気を付けてください。

他にも、授業中に集中力を奪う「ぼんやりぼっち」っていう妖怪や、好き嫌いで給食を食べられなくする「のこりん」っていう妖怪など、〇〇小学校にはたくさんの妖怪が住んでいます。妖怪は、いつでもみなさんを見ています。そして、ルール破りや自分勝手な行動を見張って、子どもに取り憑こうと狙っています。

妖怪に取り憑かれないように、気を付けて生活しましょう。いつも心に妖怪を！

【参考文献】

中嶋郁雄『しつけに使える学校の妖怪・怖い話』（学陽書房）

真実と事実

自分を振り返ろう 【朝礼】

12月といえば、みなさんは何を思い浮かべるでしょう?

12月はいろいろあるけど、クリスマスやサンタクロースという言葉がたくさん出ていました。ところで、サンタクロースはいるのでしょうか。

もしかすると、高学年になると、サンタはいないと答える人が多くなるのかもしれませんね。でもね、サンタクロースはいるのです。

今は「サンタはいない」と思う人も、あなたがもっと小さい頃、幼稚園や保育園に通っていた頃は、「サンタはいる」って思っていたんじゃないでしょうか。そう思っていた頃には、確かにあなたの中ではサンタクロースはいたのです。自分にとっては、サンタは確かに存在するんです。このように、自分が本当だと信じていることを「真実」と言います。

サンタがいると自分では信じていても、サンタの存在は証明されていません。誰の目から見ても確かにそうだと証明されていることを「事実」と言います。

（ 真実＝自分がそうだと信じている 事実＝だれが見てもまちがいない というパネル

□**ねらい**

主観的な思いが、客観的に考えて正しいとは限らないことに気づかせる。

■**ポイント**

興味をひくために、この時期に適した話材を活用する。

December 12

を提示）難しいけど、真実と事実とは違うというお話です。

真実と事実の違いについて、分かりやすい場面を取り上げて説明します。この二学期も、いろいろなことがあったと思います。友達とケンカをしたこともあったんじゃないかな？

ケンカでよくありがちなのが、「原因は私にあるのではなくて、相手が悪い」と考えることです。この場合、「私」は「悪いのは相手で自分は悪くない」と思っているので、私にとって相手が悪いというのが「真実」になるわけです。ところが、相手は相手で、「自分は悪くない」と信じて疑わないので、相手にとっては、それが「真実」になります。

ややこしいですが、ケンカをしたらこのようなことってよくありますよね。お互いが「おまえが悪いんだろ！　私は悪くない！」と、真実と真実がぶつかって、仲直りできない時間が長引いてしまいます。大人のケンカの場合には、裁判にまでなって、どちらが悪いのか他の人に判断してもらわなければならなくなります。

友達とケンカをしたときは、お互いに「相手が悪い」と自分の真実を主張してばかりいては解決できません。ケンカの原因を冷静に探ったり、自分にも悪いところがなかったかと反省したりして、誰もが納得する「事実」を明らかにすることが大切ですね。

12月は、二学期の最後の月です。二学期もいろいろなことがあったと思います。二学期最後の一か月のうちに、これからの成長に生かすための振り返りをしてほしいと思います。

謙虚さ

心で手を合わせる

【終業式】

顔を合わせれば「暑い！　暑い！」と言っていた二学期の始まりが、昨日のことのようです。今日は二学期終業式。２０○○年最後の学校の日です。振り返ってみればあっという間の四か月でしたね。

この二学期の間、多少のケガや病気、そして友達とのケンカや言い争いなどはありましたが、命に関わるような大きな事故や事件もなく、こうして無事に二学期を終えることができそうです。

無事に一日を終えることができたり、今日のように二学期を終えることができたりしたとき、校長先生は無意識に「ありがとうございました」って、心の中で手を合わせるんです。みなさんも、校長先生と同じように心の中で手を合わせることはありませんか？

誰に手を合わせるかって聞かれても、校長先生は答えることができません。私たち人間の力を超えた何かに対して「ありがとうございます」って、手を合わせているのです。それを神様だと言う人もいるでしょうし、仏様と言う人もいるでしょう。とにかく、人間の

□**ねらい**

二学期を無事に終えられることに感謝の気持ちを持たせる。

December 12

力を超えた何か大きなものに感謝の気持ちが湧きます。

私たち人間は、科学を進歩させて、自動車や電車で早く移動できるようになりました。飛行機を発明して空を飛び回ることもできるようになりました。コンピューターの進歩はめざましく、今では人間を超えるほど賢い人工知能が開発されています。

でも、どんなに科学が進歩して技術が発展しても、どうにもならないことがあると思います。例えば、人と人との出会いです。校長先生は、何十億人もいる人間の中から、○○小学校でみなさんと出会いました。みなさんは、今のこの時代にお父さんとお母さんの子どもとして、日本に生まれ、この○○小学校で隣にいる友達と一緒に勉強しています。ほんのちょっとでも何かが違っていたら、別の運命が待っていたはずです。

そう考えると、今日の終業式で、○○小学校のみなさんが、大きな事故や事件に巻き込まれないで二学期を終えることができたことは、もしかすると奇跡的なことなのかもしれません。そう考えるから、校長先生は、この奇跡を起こしてくれた大きな力に感謝の気持ちが湧くのです。

みなさん、明日から冬休みです。冬休みの間に、20○○年が終わります。今年、無事に年を越すことができる奇跡をかみしめながら、心の中で手を合わせてみてください。みなさん、どうぞよい年を過ごしてください。

■ポイント

生かされている、支えられているという謙虚さの大切さを感じさせながら話す。

お陰様の精神で【終業式】

二学期は、運動会や音楽会をはじめとして、それぞれの学年でもたくさんの行事が行われました。行事の中には、地域の方をお招きして、みなさんががんばっている様子を見ていただく機会もありました。そして、先日は、日頃お世話になっている地域の方に、感謝を伝える会がありましたね。

　みなさんの様子を見るために学校に来られる度に、地域の方が、きまってかけてくださる言葉があるのです。どんな言葉だと思いますか？　考えてみてください。

　一つは、みなさんの中から出た言葉です。そう、「ありがとう」です。あと一つ、頻繁に言ってくださる言葉があるのです。それはね、「お陰様」という言葉です。例えばこんなふうに、校長先生に伝えてくださいます。

「今日は、お招きいただいて、ありがとうございます。お陰様で、楽しませてもらいました」「ありがとうございました。お陰様で、子どもたちから元気をもらいました」

　どうですか？

□**ねらい**

自分を支えてくれる存在に感謝の気持ちを持たせる。

■**ポイント**

日頃の学校生活の様々な場面を振り返らせる。

「ありがとう」「お陰様」という言葉は、どちらも相手に感謝の気持ちを伝える言葉です。

地域の方は、ボランティアで登下校の見守りや花壇のお世話をしてくださっています。みなさんの学習の助けになればと、校区探検の案内役や昔遊びを教えてくださったり、車イス体験やアイマスク体験などでお世話をしてくださったりしています。
○○小学校のみなさんのほうこそ、地域の方のお世話になっているはずです。それなのに、地域の方はみなさんに対して感謝の言葉をかけてくださっているのです。
なぜでしょうか?

地域の方は、○○小学校のみなさんが一生懸命がんばっている姿を見て、「ありがとう」と感謝されているのです。そして、「お陰様」でみなさんの姿を見て元気をもらいました、と感謝の気持ちを表しておられるのです。地域の方にとって、元気を与えてくれるみなさんは、この地域の未来であり宝物なのです。

今年、みなさんのがんばる姿が、たくさんの人を元気づけ、幸せにしてきました。みなさんも、「ありがとう」「お陰様」という言葉が持つ精神を忘れずに、一年間を締めくくってほしいと思います。

家族の時間

【終業式】

一番大切なもの

早いもので、二学期の終業式の日になりました。明日から冬休みが始まります。

この二週間の冬休みの間には、みなさんが楽しみにしている行事がたくさんあると思います。みなさんは、冬休みはどんなことが楽しみですか？

「クリスマス」ですね。楽しみですね。チキンとケーキを食べた後は、サンタさんからのプレゼントが楽しみですね。

「お正月」。新しい年をお祝いします。お雑煮やおせちを食べて、昔はこま回しや凧揚げをしたのですが、今は、ゲームでもするのでしょうか。

スキー旅行に行くのですね。うらやましいなあ。今年の冬は、雪が多いそうですから、しっかり滑って楽しんできてくださいね。

発表してくれた人の他にも、冬休みは楽しみがいっぱいだと思います。そこで、みなさんに質問です。

冬休みを楽しく過ごすために、最も必要で大切にしてほしいものがあります。

□**ねらい**

年末年始を家族の一員として過ごす意識を高める。

何でしょう？　発表しなくてもいいですから心の中でしっかり考えましょう。冬休みを楽しむために、一番必要で大切にしてほしいものですよ。一つだけ思い浮かべてください。

みなさん、考えましたか？　まさかとは思いますが、「お金」なんて思っている人はいないでしょうね？

年末年始の楽しみがいっぱいの冬休み。でも、みなさん、もしも一人で過ごすことになったとしたらどうですか？　一人でクリスマス。一人でお正月。一人でスキー。そんなの楽しくはないと思います。冬休みを楽しむために一番必要で大切にしてほしいのは、そう。家族です。（家族 と書いたパネルを提示）

家族と一緒だからクリスマスもお正月もスキーも楽しいのです。みなさんは、大切な家族の一員だということを忘れず、一緒に楽しむだけじゃなくて、家族の一員として、おうちの仕事をすることが大切です。自分にできることを探して、自分の役割をつくって、家族を大切に思って、冬休みを過ごしてください。

■ポイント
家族の一員として何ができるか考えさせながら話を進める。

平時のありがたさ

それは、本当に当たり前なの？【始業式】

January 1

みなさんは、この言葉を聞いたことがあるでしょうか？

「天災は忘れた頃にやってくる」

（パネルやプロジェクターで 天災は忘れたころにやってくる と提示）

聞いたこと、あるよっていう人。手を挙げて。

天災というのは、地震や台風や洪水など、自然の働きで起こる大きな被害のことです。地震、台風、洪水などは、人間の力で防ぐことはできません。自然の力は大きいですから。また、自然災害は、いつやってくるか、予測するのが難しいですね。現在は、気象衛星など技術が進歩しているので、台風や洪水などは、ある程度予測することができるようになってきました。それでも、毎年のように日本各地で大きな被害が出ています。そして地震については、いつ・どこで・どれくらいの規模で起こるのか全く予測できません。

２０２４年１月１日に起こった、能登半島地震を覚えている人も多いでしょう。１月１日ですよ。日本全国がお正月をお祝いする日です。そんなときに地震が起こるなんて誰が想像できたでしょう。でも、よく考えてみれば、お正月は人間の都合で決められた行事で

□**ねらい**

被災せず通常の生活を送れることに感謝して、一生懸命生活をする大切さを説く。

■**ポイント**

記憶に留められている震災を話材に取り上げる。

あって、地球にとっては全く関係のないことですよね。

能登半島地震で、「自然は人間の思うようにはならない」ことを改めて教えられたように思います。

過去にも、2011年3月11日に起こった東日本大震災では、およそ10m前後の津波も起こって、東北地方を中心に約二万人の方が亡くなったり行方不明になったりしました。このような大きな地震と津波が起こるとは、多くの人が思ってもみませんでした。

それよりも前、1995年1月17日には、阪神・淡路大震災が起こり、神戸や大阪を中心に大きな被害をもたらしました。それまで、「関西では大きな地震は起きない」と多くの人が思っていたのです。

私たちは、地球上でしか生きることができません。その意味で地球に生かされている存在です。だからこそ、毎日、普通に生活することができていることに感謝しなければならないと思います。今日、体育館に集まって三学期の始業式を行うことは、当たり前のことだとは思います。でも、その当たり前のことが、できなくなることもあります。地震や洪水の被害がなく、当たり前の生活ができることは、実は感謝するべきことではないでしょうか。そして、だからこそ、当たり前の毎日を一生懸命に生きることが大切なのだと思います。今年一年、みんな一生懸命がんばりましょう。

夢と希望

「増《ま》す増《ま》す」の新年

【始業式】

（大きな声で元気溌剌と）新年あけましておめでとうございます。

気持ちいいあいさつです。もっと聞かせてほしいです。

女の子、あけましておめでとうございます。

男の子、あけましておめでとうございます。

○○小学校のみなさん、あけましておめでとうございます。

すごく元気な新年のスタートができました。

今年の学校生活初日、気持ちのいいスタートができました。今年も希望がどんどん生まれるよい年になりそうです。

さて、○○小学校のみなさんは、新年の始まりにあたって、どんな一年にするか心に決めましたか？

校長先生は、心に決めたことがあります。誰にでもできる本当に簡単なことです。でも、この場でみなさんに伝えることはやめておこうと思います。

お正月には、「絶対にやり通してみせるぞ」と決意して、毎日がんばっている最中です。

□**ねらい**

新年、心新たに希望を持ってスタートする意欲を高める。

■**ポイント**

子どもに希望を持たせる話材と話し方で伝える。

あれから一週間ほど経って、心に決めたことを一年間やり通すことができるかどうか、少しだけ不安になることもあります。でも、がんばってやり通す覚悟です。なぜかというと、「絶対にやるぞ」って、自分で自分に約束をしたからです。

　校長先生が自分と約束をしたことは、本当に誰にでもできるような簡単なことですが、一日の終わりに「やってやったぞ」「自分との約束を守ったぞ」と、自分がとても誇らしく思えるのです。そして、「自分はやれる」って、自分に希望を持つことができるのです。

　夢を描き、努力を続け、自分と約束することは誰にでもできます。「自分に誇れる自分」「なりたい自分」を目指してがんばることが、「希望増《ま》す増《ま》す」の一年間を送ることになると思います。

　みなさんも、一年間やり続ける何かを心に決めて、自分と約束してみませんか。本当にちょっとしたこと、簡単なことでいいです。何か一つだけ心に決めたことを一年間やり通す努力をしてくれることを願っています。

　今年も、きっと明るく希望輝く素敵な年になります。毎日の学校生活をしっかり楽しみ、やるときにはしっかりがんばることのできる○○小学校の子でいてください。

January 1

志を持とう

Be Ambitious 【始業式】

「ビー アンビシャス」 あけましておめでとう。

（Be Ambitious と書いたパネルを提示）

この英語は、「ビー アンビシャス」と読みます。意味が分かる人、いますか？

「大志を抱け」という意味です。（大志 と書いたパネルを提示）

漢字が分かる人は理解できると思いますが、大志っていうのは大きな志ということですね。もっと分かりやすく言えば、「大きな夢」っていう意味です。

「少年よ、大志を抱け」という有名な言葉があります。知っている人、手を挙げてみて。

この言葉は、今から百五十年ほど前に、北海道の札幌農学校という学校で教師をしていたクラーク博士が、生徒たちに贈った言葉です。

今の時代は、「ボーイズ」男の子だけでなく、「ガールズ」女の子も活躍する時代ですから、すべての少年少女という意味で「ビー アンビシャス」です。

（再度、Be Ambitious と書いたパネルを提示）

□**ねらい**

大きな志を抱いて一年をスタートする意欲を促す。

クラーク博士は「大きな志・夢を持って世の中に出なさい」と教え子たちに伝えました。「少年よ、大志を抱け」「ボーイズ ビー アンビシャス」という言葉は、みなさんの中にも知っているよってという人がいるように、たくさんの人に知られるようになりました。

ところで、みなさんは、「大きな志・夢」って、例えばどんなことを想像しますか。これは、人によって異なると思います。だから、校長先生も、どんなものが大きな志や夢なのか分かりません。しかし、クラーク博士は、こう言っています。

「その志は、自分の欲やお金のためであってはならない。人として大切なものを求めるものでなくてはならない」

つまり、「自分のためではなく人や社会のためになるような志や夢を持ちなさい」ということです。それが大きな志・夢ということなのでしょう。例えば、日本を人々が幸せに生活できる国にするとか、みんながワクワクして喜ぶような道具を作るとか、そういったことではないかと思います。

ところで、今の日本の子どもたちは、大きな夢を描く子が少なくなったと、よくいわれます。でも、○○小学校のみなさんなら、世の中を幸せにするための志や夢を持つことができると思います。そういう気持ちで、今年の一年をスタートしましょう。

「ビー アンビシャス」! みなさん、大きな志、大きな夢を持ちましょう!

■ポイント

世の中や人のためになるような「大きな夢」を持ってほしいと伝える。

努力 【朝礼】

自分と向き合おう

みなさんは、嫌なことや苦しいことがあったとき、「逃げ出したいな」「やめてしまいたいなあ」と、弱気になってしまった経験はないでしょうか。校長先生も、「やめたい」「逃げたい」と思うことがあります。人間ですから仕方ないと思いますが、この人の生き方を知って、がんばろうと勇気づけられるのです。

（野口英世の顔写真［イラスト］をパネルで提示）

この人の名前を知っていますか。知っている人は大きな声で教えてください。せーの。

野口英世はとても貧しい家に生まれました。英世が一歳のとき、囲炉裏、今でいうストーブのようなもので、左手に大やけどを負って、指がグーのままくっついてしまいました。小学校に入ると、友達から「貧乏・てんぼう（左手が棒のようだったので）」と、からかわれました。でも、英世はくじけないで「見返してやる」と、一生懸命勉強をがんばりました。その努力が実り、英世は二十歳という若さで、難しい医者の試験に合格しました。

そして、英世は、日本に来ていた有名な医学博士の通訳をしたことがきっかけで、二十

□**ねらい**

強い気持ちで試練に向き合う大切さについて考えさせる。

■**ポイント**

偉人の生き方から学ばせる。

January 1

四歳のときアメリカに渡ることになったのです。

アメリカの研究所でも、英世の熱心さは周りの人々を驚かせました。他の研究員から、「日本人はいつ寝るのだろう」「ノグチの努力にはかなわない」と言われるほど、英世は寝る時間や食べる時間を惜しんで研究に打ち込みました。

熱心な努力が実って、伝染病の細菌の発見や純粋培養に成功するなど、英世の研究はアメリカやヨーロッパで認められ、ドクターノグチの名前は世界中に広まっていったのです。英世は、アメリカで黄熱病という恐ろしい病気の研究をしましたが、研究のためにアフリカに渡ったとき、自分が黄熱病にかかって亡くなってしまいました。努力を続けた人生でした。

みなさんは、宿題を後回しにして遊んだり、ノートを適当に書いたりしたことはありませんか。それは、自分の弱い心に負けたということです。

野口英世は、どんなに過酷な状況に置かれていても、強い気持ちで努力を重ね、世界の人々に名前を知られるようになりました。

夢を叶えるためには、努力しようとする気持ちとそれを実行する強さがあれば誰でも可能なのだと、野口英世の生き方から学ぶことができますね。

２０〇〇年が始まりました。自分としっかり向き合い、弱い自分と闘って、強い自分を目指す三学期にしていきましょう。


【参考文献】

中嶋郁雄『道徳授業でそのまま使える！日本の偉人伝３分話』（学陽書房）

親切の大切さ

情けは人のためならず【朝礼】

みなさん、このことわざを聞いたことはありますか？

（パネルまたはプロジェクターで、情けは人のためならずを提示）

「情けは人のためならず」という言葉です。「情け」というのは、「親切にする」という意味です。

この言葉を、「親切にすることは、その人のためにならない。だから、人に親切にするのはよくない」という意味だと思っている人が、たくさんいるそうです。

もちろん、間違った捉え方です。分かりやすく説明してみますね。○○先生、ここに来てください。

例えば、○○先生が何か困っています。それを校長先生が親切に話を聞くとか助けるとかしたとしましょう。校長先生が○○先生に親切にすることは、いったい誰の「ため」になるのでしょうか？

□ねらい

利他や施しの尊さを説く。

■ポイント

子どもが自分のこととして聞くための話材を選ぶ。

もちろん、親切にしてもらった○○先生は、とても助かるので、○○先生のためになりますよね。それだけではなくて、○○先生に親切にすることで、親切にした校長先生のためにもなるというのです。

「どういうこと?」って、まだ思っている人もいると思うので、もう少し説明するね。○○先生に聞きます。親切にしてくれた校長先生のことをどう思いますか?

では○○先生、もし私が先生と同じように困っているところを見たら、どうしますか?

なぜ、親切にしようと思うのですか?

みなさん、どうですか。「情けは人のためならず」というのは、周りの人に親切にしていれば、巡り巡って自分に返ってくるという意味です。もしかすると、「放っておこうかな」と考えてしまったり、「何の得にもならない」と思ったりするかもしれません。でも、人に親切にする姿は、誰かが見ています。その美しい姿が、巡り巡って幸運を引き寄せるのではないでしょうか。

年のはじめの1月、親切な気持ちでスタートしましょう。

友達と共に

睦月って、どういう意味？【朝礼】

みなさん、これを見てください。

（睦月 と書いたパネルを提示）

「むつき」と読みます。みんなで一緒に読んでみましょう。「むつき」 はい。

「睦月」って、何のことでしょう。みなさんの中に知っている人はいますか？

睦月というのは、1月のことです。昔は1月のことを睦月と言っていたのです。ところで、睦月の「睦（むつ）」という漢字ですが、どんな意味なのでしょう？

（「睦」という漢字を指しながら、または、赤油性ペンで丸を囲いながら）

誰か分かる人はいるかな？

たぶん、こんな意味じゃないかなっていう人は？

ヒントです。（仲 睦まじい と書いたパネルを提示）

さて、分かるかな？「なか むつまじい」って聞いたことあるかな？

□ねらい

関わりのある人を大切にして学校生活を送ることを確認させる。

■ポイント

「睦月」の由来から話をスタートさせる。

January 1

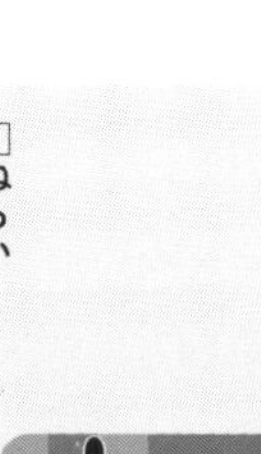

そう、「睦」という漢字は「仲が良い」「親しい」という意味です。

昔から、お正月になると、家族や親せきが集まって一年の始まりをお祝いしました。今でも、お正月は家族で集まって、お雑煮やおせちを食べて、楽しく過ごしますよね。新しく始まる一年が、みんなが仲睦まじく過ごせる年でありますようにという願いから、「睦まじい月」「結び月」「睦月」と呼ばれるようになったといわれています。

子どもたちがたくさん集まる学校では、友達との関わりがすごく重要です。そのことは校長先生に言われなくても分かっていると思います。

友達がいなくてはつまらないよね。遊びの時間だって勉強の時間だって、友達と一緒だから楽しく過ごすことができるのです。時々ケンカをするかもしれないけど、それも友達がいるからできることですよね。

1月になって、新しい一年が始まりました。1月は「睦月」。みなさんがこの一年を友達と仲良く過ごして、元気に学校に通ってくれることを願っています。

お金の価値を考える

お金の貸し借りは、なぜダメなの？【朝礼】

みなさん、いいお正月を過ごしましたか。子どもの楽しみといえば、お正月に頂くお年玉があります。このお正月にお年玉をたくさんもらったよっていう人も多いのではないかと思います。

お年玉の話題になったので、今日は、お金について考えてみたいと思います。お金が嫌いという人は、めったにいないと思います。お金があれば、欲しいと思うものを手に入れることができます。もちろん、お金でも手に入らないものもあります。家族の愛情や友達との友情など、目に見えないものは、お金では手に入りません。でも、形のあるもの、目に見えるものは、お金で手に入るものが多いですね。２０２４年7月から、日本の紙のお金はデザインが変更されました。一万円札には渋沢栄一、五千円札には津田梅子、千円札には北里柴三郎という人たちの肖像画がデザインされています。それぞれの人について、どのような業績を残したのか調べておくといいでしょう。

ところで、みなさん不思議に思いませんか？（いずれかの紙幣を一枚提示）この紙は、なぜお菓子やおもちゃなどと交換することができるのでしょう？　とても美しく印刷され

□**ねらい**

お金の価値を学ばせ使い方を考えさせる。

■**ポイント**

お金の大切さを再確認させるための話材を活用する。

January 1

ていて丈夫ですが、たかが紙ですよ。よく考えてみれば、本当に不思議です。

今みなさんが使っているようなお金は、大昔にはありませんでした。昔の人は、欲しいものがあれば、物と物とを交換して手に入れていたそうです。獲った魚を野菜と交換したり、果物と着るものを交換したりといったようにです。ですから、欲しいものがあれば、自分で作ったり獲ったりして手に入れるか、自分が作ったり獲ったりしたものと交換して手に入れるしかありませんでした。物を手に入れるというのは、とても大変なことだったのですね。それが、今の時代は、この紙（お金）を持っていれば、欲しいものを手に入れることができるのです。ポイントを使うだけでも欲しいものが手に入る時代ですね。

じゃあ、この紙（一万円札）を百枚持ってきて。百万ポイント出してって言われたらどうですか？　それは無理ですよっていうことになりますよね。小学生にとって、この紙（一万円）を一枚手に入れるだけでも難しいことですから。今は、この紙のお金で欲しいものと交換できるようになったけど、この紙のお金を手に入れるためには、一生懸命働かなければなりません。だから、実は、物と物を交換していた時代も今も、働かなければ欲しいものは手に入らないということは、何も変わらないのです。

小学生でも、物の貸し借りやお金の貸し借りで、トラブルになったり先生やおうちの人に注意されたりした人がいるようです。あなたの持ち物やお金は、おうちの人が働いて手に入れたものだということを忘れず、大切に取り扱いましょう。

心と体を鍛える

鉄は熱いうちに打て 【朝礼】

2月に入って、とても寒い季節になりました。校長先生は、毎日正門の前で、みなさんが登校する見守りをしているのですが、この季節は、あまりの寒さで、頬に冷たい氷が突き刺さるような痛さを感じることがあります。

そんな寒いこの2月なのですが、みなさんの中には、半そで半ズボンで登校している人を見かけることがあります。昔から「子どもは風の子」といわれますが、この厳しい寒さの中で薄着で登校している姿を見て、驚くと同時に、「体は強く鍛えられているのだろうなあ」と感心しています。

念のために言っておきますが、みなさん全員に「薄着で学校生活を送りなさい」と言っているわけではありませんから、誤解のないようにお願いします。

さて、「鉄は熱いうちに打て」ということわざがあります。

鉄は、至るところに使われていて、私たちの生活にはなくてはならないものです。自動車や船などの大きなものから、時計やスマートフォンの中にある小さな部品まで、鉄は形

□**ねらい**

小学生時代の苦労が長い人生で役立つことを伝える。

February 2

を変えて利用されています。この体育館にも、鉄がたくさん使われていますよね。天井を見てごらん。大きな鉄の梁が、体育館の屋根を支えていますね。鉄をいろいろな大きさや形に変えるだけではなく、強く丈夫でなくてはいけません。もし、あの梁が（上を指さしながら）弱くてすぐにポキリと折れてしまったら、危なくて体育館に入ることができませんよね。

ここで、みんなに質問。強く丈夫な鉄を作るには、どうすればいいでしょう？

さっき、校長先生が答えを言ってしまっていたね。その通りです。鉄を熱く熱して叩くんですよ。みんな、校長先生の話をよく聞いてくれていてありがとう。

みんなの中には、刀を作っている動画を見たことのある人もいるでしょう。熱く熱した鉄を、トンカチでガッツガッツと叩くんです。そうすることで、鉄がポキンと折れることがなくなって、強く丈夫になるのです。そこから生まれたのが「鉄は熱いうちに打て」ということわざなんだね。

みなさんは、まだ小学生で、若くてこれから何十年も生きます。この若いうちに、心も体も頭も鍛えておくことが大切だということなんです。校長先生のように年をとると、走ることも難しく、物忘れも多く、頑固で凝り固まっています。鍛えようと思っても、もうボロボロで、鍛えるどころか病気になってしまうでしょう。みなさんは、まだ若くて熱い鉄です。今のうちに、心も体も頭も鍛えに鍛えてほしいと思います。

■ポイント

低学年にも理解できるような事例を取り上げる。

心を見つめる

鬼は外・福は内【朝礼】

日本の伝統的な、つまり日本で昔から受け継がれてきた、2月の行事といえば？

おうちで、豆まきをやるよっていう人は、どれくらいいるのかなあ？　手を挙げて。

豆まきは「節分」に行われます。（節分 と書いたパネルを提示）

「節分」は、季節の変わり目という意味で、2月3日をこう言います。その次の日、2月4日は、春になったという意味で「立春」と言います。（立春 と書いたパネルを提示）

昔は、冬と春の変わり目、立春の頃は、病気や災害が起こりやすいといわれていました。そこで、病気や災害などの悪いことを「鬼」に見立てて、鬼を外に追い出して、幸せを呼び込むために、豆まきが始まったといわれています。だから、豆まきをするとき、みなさんは、声を出しながらやりますよね。豆まきをするとき、何て言いながら豆をまくの？

これだけ元気な声で豆をまけば、鬼もみなさんには近寄れなくなりますね。

□**ねらい**

誰でも、良い心と悪い心があり、悪い心を追い出して良い心になるために闘うことが大切と説く。

■**ポイント**

豆まきを話材にして分かりやすく話を進める。

ところで、校長先生も、ここにいらっしゃる先生方も、そして、みなさんも、心の中に鬼が住んでいるって、知っていますか？

「掃除さぼりたいなあ」「宿題やりたくないなあ」なんて思うことあるでしょ？　校長先生も「お仕事休みたいなあ」と思うことがよくあります。他にも、奥さんとケンカしたとき、「自分は悪くない。絶対謝らないぞ」なんて思うことがあります。そんなときは、心の中で鬼が暴れているんだなと思います。みなさんにも、心当たりあるでしょ？

人間なんだから、誰でも心の中に鬼が住んでいて当たり前です。でも、心の中には、福の神も住んでいて、「怠けちゃダメだ」「謝りなさい」って、幸せになるように導いてくれています。このことも、みなさん経験があるんじゃないでしょうか。

鬼と福の神は、しょっちゅう、みなさんの心の中で闘っています。今、この全校朝礼で校長先生が話をしている間だって、「早く終わらないかなあ」って鬼がつぶやき、「しっかり聞きなさい」って福の神がささやいているでしょ？

みなさんには、一年を通してずっと、心の中の福の神と一緒になって、心の中の鬼と闘ってほしいと思います。校長先生も先生方も、闘い続けます。

それでは、最後に、みんな一緒に心の中にいる鬼と闘いましょう。せーの。

「鬼は～外。福は～内」

時間を大切に

2月は逃げる 【朝礼】

みなさんは「1月は行く、2月は逃げる、3月は去る」という言葉を聞いたことがあるでしょうか？　3学期の三か月は、あっという間に終わってしまうという意味です。確かに、1月になって始業式をしたのが、ついこの前のことのように思えます。1月はあっという間に行ってしまいました。

3月になると、最後の週は春休みなので、学校は三週間しかありません。この学年のまとめの時期になるので、あわただしく時間が過ぎてしまいます。特に6年生は卒業に向けていろいろな行事があるので、あっという間ですね。

そこで、今月、2月はしっかり時間をとりたいところなのですが、みなさんも知っている通り2月は閏年を除き二十八日しかありません。他の月よりも二日か三日も短くなってしまいます。えっ？　「たった二日か三日くらい、関係ないよ」なんて思っている人がいるかもしれませんね。

それはね……。（10秒間、間をとる）

今、たったの10秒間です。校長先生が話をやめた時間は長く感じられたでしょ？　たっ

□**ねらい**
あっという間に過ぎ去る三学期の重要ポイントとなる2月の過ごし方を考えさせる。

■**ポイント**
「貴重な時間」という意識づけをする。

February 2

た10秒間ですよ。そう考えると、二日とか三日って相当長い時間だと分かりますね。

その二十八日しかない2月を、「逃げていく2月」を、どのような過ごし方をするのかによって、「しっかり勉強したな」「がんばったな」って思える三学期になるかどうかが決まってくるのです。

みなさんは、新しい年になった1月に、「今年はこんなことをがんばろう」「こんな一年間にしよう」と、誓いを立てたと思います。あれから一か月が経って、今2月です。さあ、新年の誓いを忘れてはいませんか？　誓いを忘れずにがんばってるよっていう人は、素晴らしいですね。自分をほめてあげてください。そして、この2月もしっかり自分との約束を守ることができるように努力を続けてください。

もし、いつの間にやら新年の誓いを守ることを忘れていたよっていう人がいたら、まだ間に合います。この2月の二十八日間を大切にして、少しずつでも努力して自分との約束を守るように、気持ちを立て直してみましょう。

はじめに言ったように、2月もあっという間に時間が過ぎて終わってしまいます。だからこそ、一日一日、一瞬一瞬を大切にする気持ちを忘れないでください。そして、新年に誓った今年一年間の目標をもう一度確認して、ほんのわずかな時間でもいいので目標に近づけるよう努力してみましょう。

クラスづくり

雪の結晶の如く〔朝礼〕

（雪の結晶の写真をパネルかプロジェクターで提示）

みなさん、これは何の写真か分かりますか？

これは、雪の結晶です。今日のように寒い日に空から降ってくる、あの雪です。雪を顕微鏡で大きくして見てみると、このような美しい結晶になっているのです。雪は、この美しい小さな結晶が集まっているのです。知っていましたか？

雪の結晶には、たくさんの形があって、なんと百二十種類以上もあるといわれています。

（雪の結晶のいくつかのパターンの写真をパネルやプロジェクターで提示）

雪の結晶には、たくさんの種類の形がありますが、どの形の結晶も、空気の中を飛んでいる小さなちりに空気中の水分がくっつきながら凍っていき、美しい形に成長していくそうです。だから雪の結晶ができるためには、中心・核が必要なのです。

では、なぜ雪の結晶は、一つだけではなくて様々な形になるのでしょう。それは、そのときの気温や、空気の中に含まれる水・水蒸気の量などによって、結晶が成長するスピードや、合体する氷の量が変わってくるため、様々な形になるのだそうです。どの形の結晶

□**ねらい**

それぞれのクラスで個性を発揮してほしいという願いを伝える。

■**ポイント**

雪の結晶を例にとって話を進める。

も、すべて美しく素敵な形です。興味のある人は、あとで調べてみるといいですよ。

　そんな雪の結晶ができる仕組みを知って、みなさんのクラスも雪の結晶と同じだなと、校長先生は思いました。どのクラスにも、担任の先生がおられますよね。そして、クラス目標が掲げられていると思います。担任の先生や学級目標を中心・核にして、みんなでいいクラスにしようとがんばってきたと思います。

　4月からこれまでには、いろいろな出来事があったと思います。楽しいことやうれしいこと、時にはトラブルや悲しいこともあったことでしょう。それら一つ一つの出来事によって、クラスが少しずつ変化し、成長してきたはずです。些細な出来事によって、クラスの成長が異なってくるのです。

　ほんの些細な気温や湿度の違いで、様々な形に変化する雪の結晶と同じだと思いませんか。みなさんが一年間つくってきたクラスは、メンバー一人一人のがんばりで、そのクラスだけが持つ個性的な形になっているのだと思います。

　4月に集まった今のクラスも、あと二か月で解散になります。校長先生は、みなさんが、自分のクラスを「大好きだ」「いいクラスだ」と自慢に思ってくれていると信じています。

　今年度も、あとわずかです。ラストスパートで、もっともっと個性的で自慢できるクラスを、仲間と一緒につくっていきましょう。

反省と改善 〔朝礼〕

調整の大切さ

　2月になりました。ところで、2月は他の月とは違って、たった二十八日しかありません。しかも、四年に一度だけ二十九日になりますね。四年に一度、2月が二十九日になる年には夏のオリンピックが開催されます。また、その年を日本では「閏年」と言っています。（閏年（うるうどし）と書いたパネルを提示）この「閏」という漢字には、「あまり」「余分」という意味があるそうです。2月は普通二十八日だけど、一日余分にある年だから「閏年」って言うのですね。

　では、なぜ四年に一度、2月に一日だけ余分に付け加えなければならないのでしょう？

　1月1日から12月31日まで数えると、三六五日になります。ところが、実は一年は三六五日ではなくて、三六五日と約六時間なのです。この六時間を調節しないといけません。六時間かける4で二十四時間つまり一日になりますね。それで、四年に一度、2月を一日多くすることで調整しているわけです。（ホワイトボードやパネルで提示）

　この四年に一度の調整が、とても大切なのです。もし、調整しないでそのままにしてお

□**ねらい**
些細な場面で反省や改善をしておく必要性を確認させる。

February 2

くと、どういうことが起こると思いますか？

四年に一度、閏年で調整しなかった場合、ずれがどんどん大きくなって、約六百年後には、2月が真夏になってしまいます。約六百年後の小学生の日記が、「今日から2月です。プールで泳いだりセミをとったりするのが楽しみです」なんてことになりますよね。逆に、夏休みの日記が「朝起きたら、雪が降っていました。とても寒い8月です」なんてことになったら困るでしょ？　だから、ずれが大きくならないうちに、調整しているのです。

みなさんは、先生やおうちの人に注意されたり叱られたりすることがありますね。もしかすると、「そんなことで注意するなよ」とか「いちいち細かいことでうるさいよ」なんて思うことがあるかもしれません。

でもね、「そんなことで……」「細かいことで」と思うようなことでも、みなさんが小学生のうちに、そして間違った行いが小さいうちに、注意して直しておくことが大切なのです。もしも、先生やおうちの人が、「些細なことだから」と、みなさんの間違いを見過ごしてしまったら、どうなるでしょう？　間違いに気づかないで、どんどん大きな間違いをしてしまうかもしれません。

悪さが小さいうちに、間違いが小さいうちに、調整しておくことが、将来のみなさんのためになるのです。カレンダーの2月が真夏にならないように、ずれが小さいうちに四年に一度調整しているのと同じですね。

■ポイント

些細な間違いや乱れを放置しておくと、取り返しがつかないことを強調しながら話す。

自己を見つめる

津田梅子の生き方から学ぶ

【朝礼】

2024年7月、日本の紙幣、紙のお札が新しくなったことは、みなさん知っていると思います。千円札、五千円札、一万円札の三つの紙幣がありますが、その中で、女性が描かれているのは、どのお札でしょう?

そう、五千円札です。(プロジェクターで肖像の部分を投影)

五千円札に描かれている女性の名前を知っていますか?

五千円札に描かれているのは、津田梅子という人です。いったい、どのような人だったのでしょう? よく知らないという人が多いと思いますので、簡単にお話しします。

津田梅子は、今から百六十年ほど前に生まれた人です。梅子のお父さんは西洋にとても興味を持っていて、梅子が六歳のとき、日本で初めてのアメリカ女子留学に梅子を参加させました。アメリカに留学した梅子は、ワシントンで約十一年間過ごしました。その間、梅子は英語やフランス語などを勉強し、勉強の素晴らしさを学びました。梅子は、一緒に留学した少女たちと、「日本に帰ったら、自分たちの学校を創ろう」という夢を語り合いました。

□**ねらい**

夢を持ち続けることの素晴らしさと努力の大切さを再確認させる。

■**ポイント**

2024年、五千円札になった津田梅子を取り上げることで、講話への興味を促す。

February 2

十八歳になった梅子は、アメリカで学んできたことを日本のために役立てようと希望に胸をふくらませて日本に帰国しました。しかし、その当時の日本は、アメリカと違って、女性の才能を生かす仕事が全くありませんでした。梅子は、「日本の女性は、男性から一人前に扱われることを期待せず、向上しようとも思っていない」と感じたのでした。梅子は、社会だけでなく女性の考え方を変えなくてはならないと考えるようになりました。梅子の考えていた理想の女性とは、女性の権利ばかりを主張するのではなく、女性が自らを高め、家庭では夫から尊敬され、社会から必要とされる女性でした。

「女性の地位を高め、考え方を変えていくには、教育が大切だ」。そう考えた梅子は、再びアメリカに留学することにしました。梅子はアメリカの大学で学びながら、日本の女子教育に一生を捧げる決心をしました。日本に帰国した梅子は、日本で最初の女性のための学校である「女子英学塾」を創りました。「女子英学塾」は、「津田塾大学」となって、現在も梅子の志は受け継がれています。

これが五千円札に描かれている津田梅子という女性の人生です。どうだったでしょう。梅子は、苦労の末、少女時代にアメリカで仲間と語り合った、「自分たちの学校を創る」「女性のための本当の学校を創る」という夢を果たしました。みなさんも、いつか大人になります。大人になったとき、小学生の今描いている夢を追い続けることができたら、それはとても素敵なことだと思います。

【参考文献】
中嶋郁雄『道徳授業でそのまま使える！日本の偉人伝3分話』（学陽書房）

自律の大切さ

自分を動かすのは？ 〔朝礼〕

早いもので、3月になりました。今年度も残すところ一か月を切りました。今の学年で、今のクラスで学校生活を送るのも、あとわずかですね。6年生にとっては、この3月が小学校生活の集大成です。そのまとめの3月、校長先生はみなさんに考えてほしいことがあります。

（自分を動かすのは○○ というパネルを提示）

この○○には、どんな言葉が入りますか？

そうですね。自分を動かすのは自分ですね。自分が動かそうと思うから手や足が動くのです。「そんなこと当たり前だよ」って、みんなは思っているでしょう？　でもね、時々、自分ではなくて、人に動かされてしまうことがあるんじゃないか、ということを考えてみたいと思うんです。

例えばね。今朝も体育館に集まった後で、先生から注意されている人を見かけました。「まっすぐ並びなさい」「おしゃべりをやめなさい」などと、先生に言われて、そのように

□**ねらい**
年度最後の月に、自律の大切さを説き、次年度に向けて一年のまとめを促す。

■**ポイント**
分かりやすい具体例で、自律について考えさせる。

行動するというのは、果たして「自分を自分で動かす」っていえるのでしょうか？　みなさんは、どう思いますか？

校長先生は、よく校舎を歩いてみなさんの様子を見ているのだけど、廊下を全力で走っているのを、「歩きなさい」と注意されてバツが悪そうに走るのをやめる人をよく見かけます。廊下は走らない、走ると危険だから歩くということは、分かっているはずです。それなのに先生や友達から注意されて走るのをやめる。これって、自分で自分を動かしていることになるのでしょうか？　どう思いますか？

遊びに夢中になって、「宿題を早くやりなさい」とお母さんやお父さんに注意されてから宿題に取りかかる。これって、自分で自分を動かすことになるのでしょうか？

みなさん。もう一度確認しましょう。「自分を動かすのは？」

3月は、今の学年のまとめの時期です。まとめの時期だからこそ、みなさんには考えてほしいのです。自分を自分で動かすためには、強い気持ちが必要です。やらなくてはならないことは、弱い気持ちに負けないで、やり遂げましょう。反対に、やってはいけないことは、誘惑に負けずにやめるようにしましょう。

自分を動かすのは自分でなければいけません。そのために強い気持ちを持ちましょう。

叱られる意味【朝礼】

叱られる幸せ

　みなさんが今の学年で過ごすのも、あと一か月を切りました。少し時間をとりますから、去年の4月からこれまでを振り返ってみましょう。静かに目を閉じましょう。

（30秒ほど時間をとり）目を開けてください。いろいろな出来事があったと思います。みなさん、よくがんばりましたね。そこで、みなさんに質問があります。この一年間で、先生やおうちの人から、一度でも注意をされたり叱られたりしたよっていう人は、手を挙げてください。

　ほとんどの人が、少なくとも一度は、注意されたり叱られたりしたということですね。それでは、おうちの人や先生方は、なぜ、あなたたちを注意したり叱ったりするのでしょうね？

　その通り。もし、みなさんが間違ったことをしたとき、注意されなかったり叱られなかったりしたら、どうなるでしょう。みなさんは、間違ったまま、よくならないまま大きくなってしまいますよね。それで困るのはみなさんです。

□**ねらい**
叱られることは、大切にされていることだと再確認させる。

■**ポイント**
子どもが手を挙げやすいように優しい表情で話す。

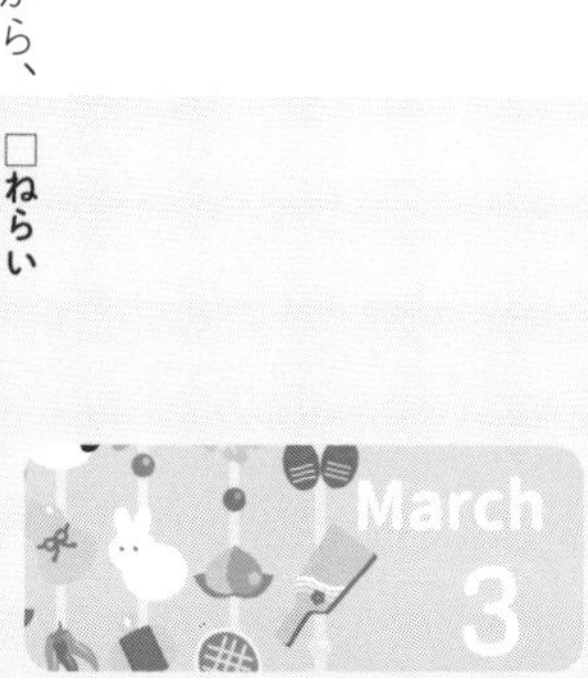

おうちの人や先生方はみなさんをよくしたいと思うから注意もするし叱りもするのです。みなさんが大切だから、注意したり叱ったりするのですね。

だから、みなさんが、注意されたり叱られたりしたよってことが分かって、校長先生は、すごく安心しました。そして、とてもうらやましいと思いました。

校長先生は○歳ですが、この歳になると、注意されたり叱られたりすることがほとんどなくなってしまいました。だから、自分が正しいのか、どこか間違ってはいないのか、教えてくれる人がほとんどいないっていうことなのです。これって、とても不安でとても寂しいことなのです。

だから、注意してくれる人や叱ってくれる人がいるみなさんは、とても幸せだと思います。もしかすると、注意されたり叱られたりしたときは、「嫌だなあ」って思うことがあるかもしれません。腹が立つこともあるでしょう。でもね。どうでもいいと思っている子を注意したり叱ったりする大人はいません。大好きだ。大切だって思っているから、厳しいことも言うのです。

もうすぐ、今の学年が終わります。この一年間、先生やおうちの人から注意されたり叱られたりしたことを思い出してみましょう。きっと、それが自分の成長に役立つと思います。

注意されたり叱られたりする幸せをかみしめて、一年間を終えてください。

■ポイント

叱られることをポジティブに感じさせる。

夢と希望

春夏秋冬の神様 【朝礼】

3月に入って、校庭の桜のつぼみがふくらみ始め、桜の木がピンク色に見えてきました。突然ですが、これを見てください。（春夏秋冬 と書いたパネルを提示）読める人は、声を出して読んでみましょう。

そうです。訓読みだと「はる・なつ・あき・ふゆ」。音読みだと「しゅんかしゅうとう」と読みます。ところで、「春夏秋冬」には、それぞれ、神様がいることを知っていますか？ 6年生は、社会科で歴史を勉強しているから、知っている人がいるかもしれませんね。まず、これが春の神様で「青龍」と言います。（「青龍」という文字を添えた青龍の画像をパネルかプロジェクターで提示）次に、夏の神様「朱雀」と言います。（朱雀の文字と画像を提示）そして、秋は「白虎」。（白虎の文字と画像を提示）最後に冬の神様「玄武」。（玄武の文字と画像を提示）

この季節と神様の名前から、こんな言葉が生まれてきました。青龍と春で青春。（青春 と書いたパネルを提示）朱雀と夏で朱夏。（朱夏 と書いたパネルを提示）白虎と秋で白秋。（白秋 と書いたパネルを提示）玄武と冬で玄冬。（玄冬 と書いたパネルを提示）

□**ねらい**
小学生の時期に、溌剌と元気に過ごしてほしいという気持ちを伝える。

■**ポイント**
春夏秋冬の区切りに興味を持たせながら話を進める。

どうですか?

みなさんは、青春という言葉を聞いたことがありますね。「青春」「朱夏」「白秋」「玄冬」という言葉は、人間の一生を表す言葉としても使われます。青春は、一般的には、中学生になったくらいから大学を卒業するくらいまでかなあと思います。

しかし、校長先生は、夢や希望に満ち活力のみなぎる若い時代のことを青春と言うのだと思っています。年齢ではなく、気持ちが若いかどうかということですね。反対に、いくら年齢が若くても青春時代とは言えない人が世の中にいるのかもしれません。実をいうと、校長先生は、自分を「青春時代」だと思っています。

みなさんは、この一年間、元気溌剌でがんばってくれました。そういう意味で、○○小学校のみなさんは、青春時代です。この一年間、みなさんは目標を持って、目標を達成するために、がんばってきました。今のクラスで過ごすのもあと一か月になりましたが、次の学年につながるような一か月にしてください。

みなさんの人生は、まだ始まったばかりです。みなさんにはこれからたくさんの時間があります。これからの長い時間を、いつまでも夢と希望を持って、毎日を生き生きとして過ごしてほしいと思います。

成長の春

積み重ねの大切さ【朝礼】

3月に入って、暖かくなってきました。3月は「弥生」と言って、草木が生い茂る月という意味があるそうです。

春になると、野山に積もった雪が解け、湖や池の氷が解けて流れ出します。木々のつぼみがふくらみ、草花が芽吹き始めます。寒く厳しい冬を耐えて、花が咲く春です。一年間、コツコツとがんばってきた、みなさんの成長を喜ぶ春です。

今の学年で過ごした一年間が終わろうとしています。この一年の間で、みなさんは成長しました。少しずつの積み重ねですから、自分で自分の成長を感じることはできないかもしれません。でも、確実に成長しているのです。

みなさんは、鍾乳石を知っていますか。

（鍾乳洞、鍾乳石の写真をパネルかプロジェクターで提示）

写真やテレビで見たことがある人もいるでしょう。実際に鍾乳洞を見たという人もいるかもしれません。まるで氷柱のようですね。この石は、水に溶けた成分が少しずつ固まって大きく成長していきます。そして、このような美しい姿になるのです。

□**ねらい**

一年間の成長に自信を持たせる。

■**ポイント**

少しずつ成長を続けていることを信じるように話を進める。

ところで、この氷柱のような石は、1㎝伸びるのに、何年かかると思いますか?百年です。たった1㎝伸びるのに百年です。だから、この写真のような立派な鍾乳洞は何万年も何十万年もかけてできたものなのです。

このように、一日や二日では、目には見えないけど、確実に成長しているのです。みなさんの成長も同じですね。分かりやすいのが身長です。4月に測った身長と今の身長の記録を見比べてみてください。一日くらいでは変わりないように思えます。目には見えないし定規では測れないけど、毎日ほんの少しずつ確実に伸びているのです。

体だけではありません。この一年間で、みなさんは心も頭も成長してきました。1年生は平仮名や片仮名だけでなく漢字まで読み書きできるようになりました。2年生はかけ算ができるようになりました。3年生も4年生も去年の4月に比べて、難しい勉強ができるようになっています。5年生も6年生も友達との関わり方やおうちの人や先生との関わり方が変わってきたと思います。それは少しずつ大人に近づいている証拠です。

今の学年が終わるまで、あとひと月もありません。でも、この間も、目に見えはしませんが、みなさんは確実に成長していきます。毎日成長している自分に自信を持って、一年間を終えるようにしましょう。

出会いの尊さ

一期一会 【修了式】

今日は、令和○年度（20○○年度）の修了式です。この学年で過ごすのも最後の日になりました。

ところでみなさん。これまでとは違っていることがありますよね？

そうですね。6年生のお兄さんお姉さんは、3月○日に、この○○小学校を卒業していきました。○○小学校の6年生として、立派に巣立っていきました。おめでたいことですが、6年生がいなくなってとても寂しいですね。体育館がとても広く感じます。

さて、みなさん、これを見てください。（●期●会 と書いたパネルを提示）

●の中には、同じ数字が入るよ。さて、何という数字が入るでしょう？

「一」が入ります。（一期一会 と書いたパネルを提示）こういう言葉です。

この言葉の読み方、分かる人いるよね？

□**ねらい**

感謝と次年度の迎え方について考えさせる。

そう、「いちごいちえ」って読みます。

「一期一会」という言葉は、「一生に一度限りの出会い」という意味です。卒業していった6年生が全員そろって○○小学校に来ることはもうありませんね。1年生から6年生がそろって、この体育館で校長先生の話を聞くことは、二度とないのです。

みなさんは、今日で現在のクラスを修了します。すると、明日から二度と、同じ教室で、同じメンバーで国語や算数などのお勉強をすることはありません。

現在、地球には約八十億人の人間がいます。その八十億人の中で、日本に生まれて○○県に住んで、○○小学校に通って、同じ学年で同じクラスの仲間として出会うことって、奇跡的だと思いませんか。もっといえば、人類が誕生して六百万年~七百万年といわれますが、同じ時代に生まれるということも奇跡的だと思います。

だから、出会って関わる人は、奇跡的に出会うことができた縁のある人だと思いませんか。そのような縁は二度とはないと考えて、関わっている瞬間に感謝して大切にしたいと思います。

この一年間、友達と勉強や運動や遊びをがんばったクラスとも今日でお別れです。修了式の今日、一期一会の出会いに感謝して、さよならをしてください。そして、4月の新しい出会いを、一期一会の気持ちを忘れずに迎えてほしいと思います。

■ポイント

別れの日だからこそ出会いに感謝させる。

笑って終わろう

終わりよければすべてよし 〔修了式〕

今日は、三学期の終わりでもありますが、令和○年度（２０○○年度）最後の日です。みなさんが今の学年での学習を終えるということで、今日は「終業式」と言うのではなく「修了式」と言います。（修了式 と書いたパネルを提示）

さて、この一年間は、みなさんにとって、どんな一年間だったでしょう。もしかすると、「私は、僕は、もっとがんばれたんじゃないか」などと、後悔している人がいるかもしれません。そう思っている人がいるとしたら、校長先生はこう言いたい。

「あなたは、とてもがんばって一年間を終えましたよ」

例えば、今、この場にいるみなさんは、元気に登校して、体育館に集まって校長先生の話を聞いてくれています。それだけで、よくがんばっているって校長先生は思います。少し集合が遅れた人もいたようですが、なんとか間に合うようにと急いでやってきてくれました。とてもがんばってくれたと感謝しています。

さっきからみなさんの様子を見ていますが、疲れているのかあくびをしている人がいま

□**ねらい**
自分の一年間のがんばりを無条件にほめさせる。

した。あくびは、脳に酸素を取り入れるための行動といわれています。疲れているにもかかわらず、脳に酸素を取り込んでまで校長先生の話を聞こうとがんばってくれています。とても素晴らしいことです。

もしも、みなさんが一年間を振り返って、「こんなことができなかったな」と思ったとしたら、「できなかったおかげで、取り組む楽しみが続くのだ」と考えるようにしてはどうでしょう。もちろん、本当に悪いと思ったことはしっかり反省すべきでしょう。でも、深刻に反省しなくてはならないことは、そのときに先生やおうちの人からしっかり注意されたと思います。それ以外の多くのことは、みなさんの考え方で、不幸に思えるか幸せに思えるか変わるものだと思います。

「自分は内気な人間だ」と思うのではなく、「しっかり考える人間だ」と。失敗したときは、「自分はダメだな」と思うのではなく、「新しいことに挑戦するチャンスだ」と。物事を前向きに考えることで、気持ちがどんどん明るい方に傾いて、それが幸運を呼び込むことになるのだと、校長先生は思います。実際に、大成功を収めた人たちは、常に気持ちを前向きにする習慣があるといわれています。

「終わりよければすべてよし」という言葉があります。一年間の学校生活最後の今日を、よくがんばったぞ自分、と前向きな気持ちで終わりましょう。そうすることで、この一年間がいい一年間だったということになるのです。

■ポイント

ポジティブな考え方を楽しく伝える。

3月 March

気持ちの整理

区切り・けじめ【修了式】

今日で、令和○年度の学校生活が終わります。明日から楽しい春休みが始まります。春休みが終わって4月○日に登校したら、みんな一つ上の学年になるのです。正確にいうと、3月31日までみなさんは今の学年なのですが、4月1日から新しい学年になるのです。

ところで、3月31日に眠りにつき、次の日4月1日に目覚めたら、いきなり今までの自分が変わっているっていうことはあるのでしょうか？　3月31日までできなかったことが、4月1日に目覚めたら突然できるようになった……。そんなことってありますか？

そんなわけありませんよね。次の日に目覚めたら、いきなり性格が変わっていたりできることが増えていたりしたら、苦労しないよね。

だったら、なにも4月1日に新しい学年になったり、1月1日を新しい年の始まりにしたりする意味なんてないよねって思いませんか？

それなのに、なぜ、一年を1月1日から12月31日までに区切ったり、学校の学年を4月1日から3月31日までの一年間に区切ったりしているのでしょうね？　とても難しい質問

□ねらい

気持ちの整理、意欲、集中のために、区切り・けじめの必要性を確認させる。

■ポイント

身近な事案を提示しながら話を進める。

だと思うけど、「こうじゃないかな」っていう人はいませんか？

　みなさんの中には、ゲームをする人が多いと思います。スマートフォンやゲーム機などで、ゲームをやっていますよね？

　ゲームの楽しいところは、一つの場面をクリアすると新しい次の場面が現れるところですよね。もし、何時間も同じような場面が続くゲームがあったとしたら、飽きてしまってつまらなくなりますよね。「この場面をクリアすれば、次のステージに進むことができる」って思うから、ゲームをやり続けることができるんですよね。

　人間って、ずーっと同じ調子で続くことには、とても弱い生き物なのです。飽きちゃうんだね。集中力もなくなる。だから、ここまでってゴールを決めるのです。「3月の修了式までがんばろう」って。そして、4月の始業式の日から新しい学年をスタートさせる。

　この春休みは、「今の学年が終わったぞ。がんばったぞ」と気持ちを区切ってください。そして、4月の始業式の日を、新しい気持ちで迎えるようにしましょう。今年度一年間を振り返って、次の新しい学年に向けての心構えをしてほしいと思います。

学級開き前に

新たな出会いを希望ある出会いに

さあ、いよいよ新年度が始まります。新しい教室、新しいポジション、これから先生方は、それぞれの教室で子どもたちと出会うわけですが、今、どのような気持ちでおられるでしょう。

初めて出会う子どもたちは、いったいどのような顔をして先生方を迎えてくれるのでしょう。そして、子どもの前に立つとき、先生方はいったいどのような気持ちになるのでしょうか。

「一年間、子どもと一緒にがんばるぞ」という期待でしょうか？　それとも、「うまくやっていけるのだろうか」という不安でしょうか？

様々な気持ちが交錯するとは思いますが、教室に入って、初めて子どもたちの前に立つときの期待感や緊張感は、教師だけが味わうことのできる特権です。そして、何よりも、教師として子どもの前に立つことができるということは、「先生。あなたに子どもたちを任せましたよ」と、周囲が期待しているということです。先生方一人一人に期待しているのは、校長や教頭である私たち管理職だけではありません。この職員室にいるすべての同

□ねらい
新年度のスタートに向けて、教師の意欲高揚を図る。

僚が、そして何よりも保護者と子どもたちが期待しているということを忘れないようにしてください。

先生方に期待して先生方と出会うのを楽しみにしている子どもたちは、先生方を待っています。そのような出会いのときに、教師である私たちが不安な顔をしていたらどうでしょう？　きっと子どもたちは、先生方以上に不安な気持ちになることでしょう。私たち教師も人間です。何年も経験を重ねているベテラン教師でも、最初の出会いを不安に思うこともあると思います。

しかし、そのような不安を子どもや保護者には決して見せてはいけないと思うのです。教育のプロとして、子どもたちの前に立つ者として、自信を持って子どもたちに接し、明るくやる気のあるよい印象を与えて、子どもを安心させるように心がけましょう。

特に若い先生方には改めて伝えたいことがあります。子どもたちの前に立った瞬間から、子どもも保護者も地域の方も、そして私たち同僚の教師も、周囲はあなたを「教師」として見ています。先生方がこれから教え導いていく子どもたちにとって、先生方の年齢や経験年数は、ほとんど意味を持ちません。そして、そのことは子どもを預けている保護者にとっても同じです。どれだけ子どもの力を高めるか、どれほど真剣に子どもと向き合うか。子どもも保護者も、この二点で先生方を観察し評価するのだと思います。

明るくやる気にあふれる姿で接し、子どもたちに元気と希望と勇気を与えるような出会いとなるよう、期待しています。

■ポイント
新たな出会いが、一年間の希望になるよう、やる気と意欲を促す。

教育論と教師考

信念を持って教育に当たろう

□ねらい

教育論や教師論を追究する姿勢の必要性を伝える。

■ポイント

校長自身の教育論や教師論を熱く語りかける。

小学校は、子ども一人一人の可能性を引き出し、充実した人生を送るために必要な基礎となる力を身に付けさせる場です。また、学校教育は将来社会を背負って立つことのできる人間を育てるという大きな責任を負っています。教師という仕事は、教育現場の最前線で、学校教育が負っている責務を実現するために、直接子どもと関わることができる重要でやりがいのある仕事だと思います。

人は誰でも、自身の人生観や価値観を持っています。それは教師でも同じことです。私たち教師各々が持っている人生観や価値観は、教育観と密接に結びついていきます。子どもと接するあらゆる場面で、教師の人生観や価値観が、子どもへの指導に表れるのです。例えば、整理整頓に対してとても敏感な先生もいれば、特に気に留めないという人もいます。その違いが子どもに対する日々の指導に必ず表れるはずです。

教師は、人生の中で最も多感で著しく成長を遂げる子どもという時期に関わり、人として大切なことを教え導いていきます。子どもは純粋で素直です。「三つ子の魂百まで」といわれますが、幼い子どもの頃に刻み込まれた習慣や価値観は、その後の人生に大きく影響する可能性があります。もしかすると、教師の指導が子どもの人格形成に影響を与える可能性も否定できないでしょう。そう考えると、子どもを教え育てる教師という仕事は、なんと畏れ多い仕事なのだと心する必要があるでしょう。

私たち教師は、未来ある子どもを教え育てるという畏れ多い仕事をしているのです。「子どもの幸せとは何か」「どのような人に成長してほしいか」「子どもにどのような力を身に付けさせるべきか」と、日頃から考えておくことが必要です。さらに、「人を教える者として、どのように生きるべきか」「教師として、どのような資質を磨かなくてはならないか」といった教育の根本まで突き詰めて考えなくてはなりません。日々の真剣な実践と努力によって形成された教育観と教育信念に基づいて指導に当たることが、子どもの人格形成に影響を与える者としての責任ではないでしょうか。

教師とは、子どもの価値観の形成・人格形成に大きな影響を与える畏れ多い仕事だからこそ、しっかりした人生観と価値観に根ざした信念を持って子どもの指導に当たらなくてはならないのです。信念を持ち信念を貫いて子どもに接すれば、どんなに些細な言動も見逃さないで指導することができます。多少の批判やクレームさえも、自身の信念が試される貴重な機会として受け入れることができると思います。

教師とはいかにあるべきか、教育とは何か……常に考えながら子どもの指導に当たるようにしましょう。

指導方針

心を鍛えて力を発揮させる

先生方も経験があると思いますが、何をするにもいつもニコニコ笑って学校生活を送っている子がいますよね。他の子が避けるような仕事を進んで引き受け、「つらいだろうな」と思うことも、平気な顔をしてやり遂げてしまうような子です。そのような子は、友達からも好かれ、教師からも可愛がられて、毎日を楽しく過ごすことができていると感じます。いつ出会っても溌剌としていて、見ていてすがすがしいものです。

反対に、いつもつまらなそうな顔をして、ダラダラと学校生活を送る子がいます。自分の損になるような仕事からはうまく逃れ、何をするにも「ダルイ。嫌だ」と不平を口にします。そのような子は、どんなに楽しいことに出会っても、心から楽しいと思うことはできないでしょう。とてもかわいそうに感じます。

同じ小学生であるにもかかわらず、二人の大きな違いは、いったい何に原因があるのでしょうか。

それは、「心持ち」が異なるからでしょう。人は、心持ち一つで幸せにもなれば不幸にもなります。例えば、両者に同じ食べ物を与えたとします。前者は、喜々としてそれを受

□ねらい

子どもに対する指導の目的を再確認する。

け入れるでしょう。「こんなに美味しいものをありがとう」と言う心構えができています。

対して、後者は、さほど喜ぶ気持ちもないでしょう。「あっ、そう。一応食べてはみるけど……」といった感じでしょうか。どちらの子が幸せで、将来自分の力を伸ばしていくのかは、言わなくても分かるでしょう。物事に感動し、人の意見を素直に受け入れ、感謝の気持ちを持っている子は、前向きに物事を考えることができる子です。そのような心持ちの子は、様々なことにチャレンジし、苦しくても努力を続けることができるでしょう。そして、自分の能力を伸ばし、夢を叶えていくでしょう。

子どもには、様々なことにチャレンジし、隠れた能力を発見し、前向きに努力して充実した人生を送ってほしいと、私たち教師は願っています。それは、子どもの保護者も同じ気持ちでしょう。そう願うのであれば、まず、子どもの心を鍛えることが必要だと思います。前向きで、素直で感謝する気持ちが、子どもが持っている様々な能力を発揮するための土台になるのではないでしょうか。

どんなに優れた体格で、秀でた運動神経を持って生まれても、汗をかいて体を鍛えることを馬鹿らしいと思えば、それまでです。どんなに優秀な頭脳に恵まれていても、努力はつまらないことだと思って過ごせば、宝の持ち腐れです。常に前向きに物事を捉えて、物事に感動することができ、周りの人に感謝の気持ちを持つことのできる子に鍛えるのが、私たち教師の務めだと思うのです。

■ポイント
日頃の指導が、「子どものため」になっているか振り返る機会にする。

授業について

授業の基礎基本を習得しよう

授業力は、教師に求められる最も重要な力の一つであることに異論はないでしょう。子どもたちに「学校は何をしに行くところですか？」と尋ねたら、「勉強するために行きます」と答えるでしょう。子どもに勉強を教えることは、教師の最も重要な仕事であり、授業力を高めることは、教師の重要な責務です。

授業を行ううえで忘れてはならない重要な点は何か、子どもに理解させるために適切な方法や技術にはどのようなものがあるのか考える必要があります。子どもの学習意欲を喚起し、子どもが理解を深める授業にするために、教師として授業についての基礎知識を学び、それらを使いこなせる技術を身に付けられるよう努力する必要があるでしょう。

実は、授業論や授業技術の原型は、すでに明治の中頃には確立されていました。先生方は、『改正教授術』という教師用の授業指南書をご存知でしょうか？　明治16年～17年、師範学校の生徒（教師の卵）を教えるために出版されたのが、『改正教授術』という文部省検定の教科書です。その中には、現在にも通じる様々な教育論や授業論、教授術を見ることができます。

□**ねらい**

授業の重要性を再確認し、授業力向上の意欲を喚起する。

■**ポイント**

明治に著された『改正教授術』をもとに授業の基礎基本を示しながら話す。

例えば、授業の進め方を挙げてみると、「前時の復習」から始まり「本時の学習を知る」、次に「意見交流や演習で学習を深め」て、最後に「まとめ」となっています。

現在でも授業は、このように進めるのが一般的ですよね。百四十年ほど前の『改正教授術』には、現在に通じる授業の流れが確立されていたのです。

指導案の書き方・授業の進め方だけでなく、どのように教えれば効果的で子どもの身になる授業になるのか、授業を行ううえで忘れてはならない原則とは何か……。そのような、子どもの前に立って授業をする教師として必要なことが、戦前の師範学校では教え伝えられていました。現在の授業方法も、その流れを脈々と受け継いでいるのです。長い時の流れにも耐え、現在でも十二分に通用する、まさしく日本教育の宝といえるでしょう。

このような、先人が長い時間をかけて築いてきた授業論や授業技術を、私たちはしっかり学び取る必要があります。

授業力は教師の要となるものです。大した準備もせず、なんとなしに毎時間の授業を終えてしまうということがあってはなりません。授業について真剣に学び、子どもの学力形成を保障する授業ができるように努力しなくてはなりません。そのためにも、先輩の教師が受け継いできた授業の基礎知識と技術を、しっかり学び取ることが大切です。そして、実際の授業で使いこなすことができる力を日々の努力によって習得していきましょう。

【参考文献】

若林虎三郎・白井毅 編纂『改正教授術』（文部省検定）

自主

自ら考え行動させる

指導するということは、子どもの行為を改め、それによって子どもの心を改めるということです。子どもが言動を改善しようという心構えにならなくては、教師の指導が子どもの心に届き、子どもの力が向上したとはいえないと思います。

では、先生方が子どもを指導するとき、どのようなことを意識しているでしょう。

いろいろな考え方があると思いますが、「子ども自らに考えさせ、実際に行動させる」ことが大切なのではないかと思います。それって、至極当然のことだと思われる方も多いでしょう。しかし気を付けないと、一方的に教師の思いを子どもに伝え、無理に押しつけて納得させる指導をしてしまう危険性があります。

例えば、授業中おしゃべりをしている子に対して、先生方はどのような指導をしているでしょうか？「静かにしなさい。授業中に無駄話をしてはダメじゃないか」などという指導をしてはいないでしょうか？　このような指導は、教師の思いを一方的に子どもに伝えるだけの指導です。教師が子どもの悪いところを指摘して反省を促す言葉を伝えるよう

□**ねらい**

自ら考え行動できる力を子どもに身に付けさせる重要性を確認する。

■**ポイント**

日頃の子どもに対する指導を振り返るように話を進める。

な方法では、子どもが自分で考え自分で行動する必要がなくなってしまいます。

このような、教師から教えを伝える指導方法を続けていては、いつまでたっても何度指導しても、子どもの成長は望めません。「何が悪かったか」「どこを直さねばならないか」、子どもが自分で考える必要がないからです。

子どもに反省を促したり、より素晴らしい行為をさせたりしたいのであれば、子ども自らに考えさせ、子どもに実際に行動させるように心がけて指導することが重要です。授業中に私語をする子がいたら、起立させて、「なぜ、先生に立たされたと思うか?」「なぜ、授業中のおしゃべりはダメなのか?」「これから、どうするつもりか?」……。それを、子ども自身に考えさせ言わせることです。廊下を走る子や掃除をさぼる子がいたら、「それは正しい行動なのか?」と考えさせ、反省を促し、すぐにその場で正しい姿勢に改め、やり直させることです。

子どもの指導において、教師の思いや意見を伝えることは、とても大切なことです。しかし、教師の思いを子どもの心に届けるためにも、子ども自身に考えさせ、行動させることが必要なのです。子どもは、自分で考え自分で行動することによって力をつけ成長するのです。自分で考え、実際に行動することで、子どもは、持っている力を伸ばしていくことができるのです。子どもの頭や体が働くような指導を工夫して行うのが、プロとしての教師の仕事だと思います。

信頼

子どもの力を信じて

先生方は、理想の教師像を持っているでしょうか？　どのような教師を目指して、日々子どもたちと接しているのでしょう？

近年、子どもに「理解」ある親や教師が増えているように思えます。「理解ある」というのは、子どもの言い分に耳を傾け、子どもにとって都合のいい味方になるという意味です。

子どもが困ったりつらそうにしていたりすると、「そんなに無理をさせなくても」「子どもがかわいそう」「あなたの気持ちはよく分かる」……などと耳当たりのいい言葉で子どもを守ってしまうことが増えているように思うのです。

しかし果たして、そういう姿勢が本当に子どものためになるのでしょうか。確かに、「かわいそう」「つらいことをやらなくていい」等の言葉で、そのときは救われるのかもしれません。しかし、その場の苦しさから逃れた子は、いったいいつになったら、その苦しさを克服する力を身に付けることができるというのでしょう。子どもが苦しい思いをするからといって、運動をやらせなかったら、その子はどうなるでしょう。子どもが嫌がるか

□**ねらい**
子どもはしなやかで強い存在であり、その力を伸ばすことの重要性を確認する。

らといって、食べ物の好き嫌いを許していれば、その子はどうなるのでしょう。

気分次第の子どもの言い分や、その場から逃れるための言い訳を許していては、将来困るのは、その子自身です。「かわいそう……」「まだ無理よ……」と、いかに子どもを思っているかのように振る舞おうとも、結局は、自分自身が「理解ある親」「理解ある教師」でありたいと、子どもにおもねっているように感じてしまいます。

本当に子どものためを思っているのなら、たとえ子どもに疎まれようと、そして嫌われようと、心を鬼にしてでも厳しく強制してでもやらせなくてはならないこともあります。それこそが本来あるべき親の姿、教師の姿ではないかと思うのです。

子どもを教え育てることとは、子どもが暮らす社会の中で、その子が充実した生活をし、将来幸せな人生を送るために行われる強制なのです。そもそも、教育とは子どもに対する大人の強制が土台になって成立します。強制力のない教育なぞありえないといっても過言ではありません。

子どもが危険な遊びをすれば、「ダメだ」と厳しく禁じ、人に出会ったら、あいさつをするよう教え、先生の話を聞いてしっかり勉強するようにしつける。子どもが「もう無理」と言っても、できるところまで辛抱強くやらせ、怠け心に負けないように励まし続ける。最後の最後まで子どもの力を信じて待つ……。

それが、子どもが持っている本来の力を引き出すことになるのではないでしょうか。そして、それが、教育というものではないでしょうか。

■ポイント

子どもを信じるとはどのようなことか、問いかけながら話す。

学ぶ姿勢

目標の教師を見つけよう

□ねらい

確かな教育観を形成するために理想の教師像を描くことの重要性に気づかせる。

私たちは教師ですから、基本的に子どもに対して「学びなさい」と要求します。そして、担任の言うことを聞いて学ぶ努力をしようという姿勢の子がほとんどです。素直に教師の指導を受け入れることで、子どもは授業や生活面を通して学び、成長していきます。

振り返って、私たち教師はどうでしょう？　子どもに「学びなさい」と指導するに値するだけ、自分自身も学びの機会を得ようと努めているでしょうか？

残念なことですが、教師という仕事は、「学びを求める者にだけ学ぶ機会が与えられる」ことがほとんどのように思えます。それは、教室という密室で子どもだけを相手に仕事を進めることが可能である仕事の特性が影響しています。

授業がうまくなりたいと考えて誰かから学びたいと思っていても、何の行動も起こさず日々を過ごしていては、授業力や生徒指導力向上のための機会は訪れません。自ら積極的に授業を見てもらい、生徒指導実践を考察してもらう機会をつくる必要があります。授業や生徒指導の実践を自ら開示して、考察や批判、助言や指導をしてもらうことによって、学びの機会が保障され、授業力の向上につながります。

特に若いうちは、授業や生徒指導などの実践を先輩に批判的に見てもらい、助言や指導を受ける機会を自ら求めてつくることが必要です。他の様々な教師から多角的な視点で自分の実践を考察してもらうことによって教師に必要な指導力を高めていくことが可能になります。

教師として必要な授業や生徒指導などの力量向上を積極的に追い求める姿勢は、自らが学びの姿勢を子どもに示すことであり、教師としてとても重要な資質を身に付けていくことになります。自らが進んで学ぼうとする姿勢を示してこそ、子どもに「学び」の楽しさと大切さを教えるに値する教師といえるのではないでしょうか。

教師という仕事は、先輩や同僚から批判されたり指導されたりする機会が少ない仕事です。そう考えると、自分の実践を批判したり指導したりしてくれる人がいれば、それはとてもありがたいことだと思いませんか。そして、自分の考え方や教師としての信念に自信を持てなくなったとき、進むべき方向を示してくれるような人がいれば、これほど心強いことはありません。

先生方には、「師」と呼べる人がいるでしょうか？「師」と呼べる人を持つことのできる人は、出会いの大切さを知り人から学ぶ謙虚な姿勢を持つ人だと思います。人を教える教師だからこそ、教わることのありがたさと大切さを知り、常に謙虚な姿勢であり続けることが必要だと思います。

■**ポイント**

目標となる教師に出会い学ぶ楽しさを伝えながら話す。

返事の指導

返事ができる子を育てよう

先生方のクラスに、名前を呼ばれても返事をしない子はいませんか？　こちらが名前を呼んでも黙ったまま目線を合わせるだけで、「はい」という返事が返ってこない子を見かけることがあります。

社会において、年上や目上の人に名前を呼ばれても返事をしないというのは、とても失礼な態度に当たるでしょう。そう考えると、小学校において、子どもの頃から名前を呼ばれたら必ず「はい」と返事ができるように、私たち教師が指導することが大切です。このような些細に思われることを、しっかりと教えていくことが、子どもの将来に役立つ大切な力を身に付けさせることになるのだと思います。

例えば、提出物やテストを返す機会を利用することで返事の指導を効果的に行うことができます。プリントやテストは、子どもの名前を呼びながら返却しますよね。名前を呼ばれても、返事をしないで黙ったまま受け取ろうとする子がいたとします。そのような子にプリントやテストをそのまま渡してはいけないのです。再度名前を呼んで返事をさせるとか、「○○君は欠席ですか？」と暗に返事を求めるなどして、名前を呼ばれたら必ず返事

□**ねらい**
返事ができる子に育てるのが教師の役割であることを確認する。

■**ポイント**
良い例と悪い例を分かりやすく提示しながら話す。

をすることを促すことが大切です。指導によって、その子が返事をすることができたら「いい返事だね」とほめることで、返事をすることは大切なことだと、子どもに感じさせるようにします。

授業中に指名して発表を求めるような場面でも同じように指導します。残念なことに、指名された子が返事をしないまま学習活動が続けられているのを見かけることがあります。「○○さん」と、先生が子どもを指名して、発言を求めます。指名された子は、返事をしないでそろそろと立ち上がり、教師の質問に答えます。子どもの発言に対して「そうだね」「なるほど」などと教師が評価や感想を述べた後、子どもが着席をする……。このような場面です。教師の発問や質問に答えさせることはもちろん大切なことなのですが、その前に、「指名されたら返事をする」という当たり前の行動を教えることが大切ではないでしょうか？　返事ができていないのを指摘し指導するのが教師の大切な役割だと思うのです。

返事を促す指導は、あらゆる場面で何度も繰り返すことによって、返事をするのが当たり前にしていかなければなりません。先生方のたゆまぬ指導によって、返事ができなかった子が、名前を呼ばれたら必ず返事をするように変わっていきます。

子どもは、人間としてまだまだ未熟な存在です。だからこそ、教師である私たちが、将来社会で充実して生きるために必要な力を子どもたちに身に付けさせることが大切なのだと思います。

効果的な指導

「当たり前」を疑ってみよう

子どもを指導した後、「分かりましたか?」という言葉で、子どもたちに確認を求めることがよくあります。「分かりましたか?」という言葉は、どの小学校でも当たり前に使われる確認の言葉ではないでしょうか。私も、「分かりましたか?」という言葉を、昔からよく耳にしてきました。

先生方も、教師をしていれば、子どもに指示したり指導したりした後に、「分かりましたか?」と、子どもに確認した経験が必ずあると思います。

昔から、多くの教室で「分かりましたか?」という言葉が飛び交ってきたのだと考えられます。子どもに話をした後で、自分の指示や指導が子どもにちゃんと伝わっているかどうかを確かめるために「分かりましたか?」と確認したくなります。

「分かりましたか?」と問いかければ、すべての子どもが「分かりました」「はい」と返してくれます。子どもたちの返事を聞き、子どもたちの反応を見て、私たち教師は、自分の指示や指導が子どもに伝わったことに安心感を覚えます。

しかし、「分かりましたか?」と問うて、「はい」と答えた子ども全員が教師の指導を理

□**ねらい**
自身の指導が、子どもの成長を促すものか否か振り返る機会にする。

解しているのか、甚だ疑問が残ると言わざるを得ません。「分かりました」と答えているにもかかわらず、後の行動を観察していると、教師の指示や指導を全く理解していない子が少なくないということがよくあります。

「分かりましたか?」という教師の言葉は、子どもたちにしてみれば、「分かりました」「はい」と答えてさえおけば、教師を不機嫌にすることのない便利なものと言うことができます。裏を返せば、子どもたちが真剣に聞いていなくても、指導を理解できていなくても、「分かりましたか?」とだけ問いかけておけば、万事OKとなってしまう危険な言葉でもあるのです。

指示や指導をした後の確認には、「分かりましたか?」という言葉を使うのではなく、例えば「分からない人はいますか?」「先生は何と言った?」などの言葉で、子どもが話を聞いているか、指導を理解しているかを、確実に確認することができる言葉で問いかけることが大切です。

他にも、例えば「身長順の整列」や「全員そろうまで開始を待つ」など、これまで学校で「当たり前」とされてきた指導がたくさんあると思います。それら「当たり前」の指導が、子どもの成長にとって本当に効果的なものなのか、必要なものなのか、改めて考えてみる必要があると思うのです。「自分で見て、自分で考え、自分で判断して行動する」という姿勢を、私たち教師自らが実践することが必要です。

■ポイント
当たり前に行われる指導を疑う姿勢を訴えながら話す。

自律

「内なる声」を育てよう

現在、AIをはじめとする技術の飛躍的な進化や、グローバル化や価値観の多様化等によって、社会は目まぐるしい変化を遂げています。このような状況が影響しているのか、子どもたちは目標となる未来像を描きづらくなっているのではないでしょうか。特に、長年教育現場に身を置いてこられた先生方は、近年の子どもの変化を感じておられるのではないでしょうか？

このような時代だからこそ、「将来こんな仕事をしたい・こんな大人になりたい」という希望を持たせる必要があると思います。そして、将来に希望を持つためにも、子どもたちには「今」をしっかり生きる気力を持たせたいと思います。「今」をしっかり生き、未来に夢と希望を持たせるために欠かせないのが「自律の力」だと私は考えています。

そこで今日は先生方に、子どもの「自律」を促すための指導について、三点を提案したいと思います。

まず一点目。「やるべきことをしっかりやる」力を、子どもに身に付けさせてほしいのです。例えば、宿題や掃除、給食といった当番活動の中でも、子どもにとって負担になる

□**ねらい**
自ら考え判断し行動する力を子どもに育てる重要性を確認する。

■**ポイント**
具体的な指導場面を取り上げながら話す。

ような学習活動の指導を徹底してください。できれば逃れたい、怠けたいという弱い心に打ち克って責任を果たすことにより、自律の力が育つと思います。他にも、始業の時間を守るとか、集合を素早く行うなど、子ども自らの意思によって「やるべきことをやる」ように指導する場面は、学校生活の至るところにあります。

二点目は、生活習慣を身に付けられるように指導してほしいと思います。家庭だけではなく学校でも、生活習慣を身に付けさせるために指導できることがあるはずです。朝のあいさつ、トイレのスリッパをそろえる、呼ばれたら返事をする……。誰に命令されなくても、基本的な生活習慣を身に付けることが大切です。生活習慣を身に付けることは、自律の力によるところが大です。日々の指導の繰り返しによって、生活習慣を身に付けさせることが、子どもの自律の力を育てることにつながります。

最後に三点目は、自主性の基礎を育てる指導を心がけてほしいということです。何も分からない子どもに「自分で考えてやりなさい」「自由にやりなさい」と丸投げすることは、自主性を育てることにはなりません。自主性は、日々の細かな訓練によって習得していくものです。教師の指示ではなく子ども自身が気づいて行動できるように訓練してください。

何が悪くて何が良いか、何をしなくてはならないか、という「内なる声」を子どもの心に住まわせ、その声に従って行動する力を身に付けさせることで、今をしっかりと生き、夢を描く子に育つのではないでしょうか。

リーダー論

学級集団のリーダーに必要な資質

組織集団の質はトップの力量が大きく影響します。戦国時代には、力が秀でた武将が統治する国が発展し勝ち残りました。世界でも一流といわれるようになった、松下幸之助の松下電器、本田宗一郎の本田技研工業、井深大のソニーなどは、トップリーダーの理念と手腕によって、小さな町工場から世界的な企業に躍進しました。近年では、経営破綻した日本航空（ＪＡＬ）を再建した、京都セラミック創業者の稲盛和夫が有名です。

集団のトップリーダーは、自身の理想や夢をしっかりと描かなくてはなりません。そして、理想を実現するために、何が必要かを分析して目標を立て、指導力を発揮して実務を推進していかなくてはなりません。

担任はクラスのトップリーダーです。リーダーとして、クラスをどのような集団に導くのか思い描き、現実に向けて目標を立ててクラス集団と個々の子どもの力を向上させる責任があります。

もし、クラスに優秀な子どもたちが集ったとしても、クラスのリーダーである担任に理念がなく、授業力や生徒指導力、学級経営力が低ければ、クラス集団も子どもも成長する

□**ねらい**

子ども集団のリーダーとしての教師の心構えについて考えさせる。

ことは期待できません。

クラス集団の力は、学級担任の力量で決まるといっても過言ではありませんし、そういう気概を持って子どもたちの前に立ってほしいのです。「クラスの力は担任である自分の力量で決まる」という意識で日々実践を重ねることで、クラス集団と子どもの成長に対する責任感が生まれるはずです。どうにかしてクラス集団を高めたい、子どもを伸ばしたいという気持ちが高まり、それが自身の教師力向上の原動力になるはずです。

先生方がクラスと子どもの成長を願うのであれば、仲間づくりや授業づくり、組織づくりや生活指導など、教師や担任として必要な力量を高めなければなりません。

もし、クラスにまとまりがなく様々なトラブルが起こる場合、「自分に至らないところがあるからではないか」と、謙虚に現実を受け止める姿勢が大切ではないでしょうか。自分の非力を受け入れ、責任をしっかり受け止めようとする謙虚な姿勢こそが、教師・担任としての力量を高めることにつながるはずです。

理想のクラス集団と子どもの姿を思い描き、熱を持って指導に当たることが大切です。そして、たとえどのような結果になろうとも、責任を持って結果を受け入れる。失敗しても、子どもや保護者、職場環境など自分の外に責任を転嫁せず、自身の課題と捉えて、反省し改善しながら、子どもの指導に生かしていく……。それが子どもを教えるリーダーとしての教師の心構えではないかと思います。

■ポイント
リーダーに必要と考えられる資質を具体的に挙げながら話す。

ルール徹底

千丈の堤も蟻の一穴から

学校には様々なルールがあり、先生方は、どの学年もどのクラスも学校で決められたルールを守るように指導していると思います。学校で決められたルールの他に、学年やそれぞれのクラスで細々とした独自のルールが決められている先生方もおられると思います。

学校のルールについては、学校のすべてのクラスで指導しているはずですから、子どもたちは学校のルールを大まかには理解しているはずです。しかし、学級のルールについては担任によって異なることが少なくありません。だから、特に新年度のはじめは新しい担任のもとでルールを確認し徹底していく必要があります。

もし徹底不足が生じると、子どもが混乱してしまいます。混乱を防ぐために大切なことは、教師が「揺らがない」ことです。例えば、子どもから「前のクラスでは、こういうきまりだった」というような不満が出たとしても、「新しいクラスでは、このルールにしようと思うがどうだろう」と、子どもに納得させながらルールを徹底していくことが大切です。ルールづくりに関しては、子どもたちから様々な意見や不満が出てくることも考えられます。そのとき、担任が揺らいでいてはクラス集団をまとめることはできないと思いま

□**ねらい**
ルールの徹底が学級経営や生徒指導の基本であることを確認する。

■**ポイント**
担任の「揺るぎない信念」を貫いてルールの徹底に努めるよう話す。

す。

ルールを守れなかった子を指導するのは教師です。ですから、ルールを最終的に承認し決定の判断を下すのは教師の役割であり責任でもあります。いくら影響力を持っていたとしても、特定の子の意見によって、クラスのルールが決められたり変えられたりするようなことがあってはならないのです。

個性と自己主張の塊である子どもたちが活動する教室では、日々様々なルールの確認をしなくてはならない機会が訪れます。子どもから「先生、こんなことをやっていいですか？」などと、ルールを確認する質問を受けることがあります。時には、「そんな細かいこと、適当にやればいいじゃないか」と疎ましく感じることがあるかもしれません。しかし、このような些細なことにこそ丁寧に対応しておかないと、「先生はあのときと違うことを言っている」「あの子だけ許されてずるい。ひいきだ」と、子どもの不満が大きくなり、最終的に保護者まで巻き込む大問題に発展してしまいかねない危険をはらんでいます。子どもからの信頼を失った結果、子どもの不平不満に歯止めがきかなくなり、学級が崩壊してしまうことにもつながりかねません。まさに「蟻の一穴」なのです。

ルールについての確認の徹底は、学級経営を行ううえでとても重要なものです。その場その場で適当に対応していると、子どもたちを混乱させることになり、子どもからの信頼も失ってしまいます。ルールについて、疑問や不満が子どもから出されたときは、必ずクラス全員で確認し徹底するように心がける必要があります。

友達関係づくり

強固な友達関係づくりを

遠足や学級行事などでグループ分けをするとき、先生方は、どのような方法で子どもにグループをつくらせていますか？　教師が意図的にメンバーを振り分ける方法もあるでしょう。くじを引かせてランダムにグループ分けをすることもあると思います。「好きな者同士」でグループづくりをさせることもあるでしょう。

今回は、この「好きな者同士」によるグループづくりについて考えてみたいと思います。子どもにグループづくりを任せると、必ずお気に入りの友達とグループをつくりますよね。そして、どのグループにも入れない子が出たり、人数が合わなくて困るグループが出たりして、嫌な思いをする子や気まずい思いをする子が出るといった問題が生じてしまいます。

自分たちで主体的にグループ分けができることが理想なのですが、それを可能にするためには、クラスの子どもたちの関係が「強固」であることが条件です。私が思う「強固な関係」とは、目的に応じて、どの友達とも活動することができる関係を指します。

先生方のクラスに、いつも特定の友達と一緒に行動しようとする子はいないでしょうか。委員会も一緒、クラブも一緒、遊び時間も一緒、学習活動も一緒……。適切な表現ではな

□**ねらい**
目的に応じて共に活動できる開放的な関係づくりの必要性を確認する。

いかもしれませんが、「いつもベッタリ」という関係にある子どもです。このような関係が続いていては、他の友達と新しい関係を築く機会を失ってしまいます。いつも特定の友達とばかり行動していては、まだ知らない自分の可能性に気づく機会を失うかもしれません。実はその関係を疎ましく感じていて、抜け出して他の友達と自由に関わりたいと思っている子もいます。

また、男子と女子が必要以上に互いを意識していると、「誰とでも活動することができる」雰囲気はつくり出すことができません。そのままにしておくと、低学年の子でさえ男の子同士・女の子同士のグループに分かれます。

このような、特定の友達とばかり行動しようとする関係、男女の別を意識している関係は、「不自由で縛られた関係」と言うことができます。このような関係から子どもを解放してあげることが必要だと思います。

目的に応じて友達と活動することのできる関係を築くことができるよう促すことも、教師の役割だと思います。「好きな者同士」「子どもの話し合い」でのグループ分けではなく、教師が指導力を発揮して班づくりや班活動を工夫して行うことが必要です。

■ポイント

様々な友達と交流することの大切さを伝えながら話す。

授業のねらい

授業における人格形成

授業の「ねらい」といえば、一般的には「計算ができるようになる」とか「登場人物の心情を正確に読み取る」など、教科学習で子どもに身に付けさせたい力のことです。確かに授業では教科のねらいを習得することが重要です。

しかし、特に小学校段階においては、授業は教科の学力を習得するだけの場ではありません。授業では、各教科・領域のねらいの他にも、人格形成に関わる力を身に付けています。今回は、授業で子どもたちが身に付けていく力について考えてみたいと思います。

まず一つは、「やるべきことをやる力」です。授業が始まれば席につかなくてはなりません。教師に「問題を解け」と指示されれば取り組み、「本を読め」と言われれば読まなくてはなりません。気分が乗ろうと乗るまいと、子どもは授業に参加せざるを得ません。授業は、「やるべきことをやる力」を身に付けさせる場です。

また、授業は「忍耐力」を身に付ける場です。特に暑い夏の日や寒い冬の日、月曜の朝や休み時間の後などは、授業を受けるのが苦痛なときもあります。しかし、子どもは暑さや寒さ、自分の怠け心と闘いながら学習しなくてはなりません。授業は、時に忍耐力を鍛

□ねらい
人格形成の視点から授業を考察し、授業の意味を再確認する。

■ポイント
授業で身に付けられる力を具体的に提示しながら話を進める。

える場になっているのです。

そして、「集中力」です。計算練習や漢字練習、教師の話を聞き課題に取り組むときなどに気持ちが他に行ってしまっては、勉強になりません。授業の中には、必ず集中する時間があります。授業の流れで子どもが集中する場合もあれば、教師が意図的につくる場合もあります。授業は子どもの集中力を磨く大切な場です。

「素直さ・謙虚さ」も授業で身に付けることができます。授業の中では、勘違いしたり計算ミスをしたりして間違えることが当たり前に起こります。そのとき、素直に自分の間違いを認める素直さが必要です。そして、友達の考えを認めたり自分の考えを変えたりすることができる謙虚さが必要です。自分を高めるためには素直さと謙虚さが必要ですが、授業は素直な気持ちや謙虚な心持ちを高めていくのに絶好の場といえます。

最後に、「勇気」です。友達の前で自分の意見を発表するためには勇気が必要です。「間違ったらどうしよう」「うまく答えられなかったらかっこ悪い」という気持ちに打ち克って発表する勇気が必要です。また、自分の考えを改めて新しい考え方を取り入れるためにも勇気が必要です。授業は子どもたちの小さな勇気で成り立っているともいえます。

他にも「責任」「自主性」「持続力」「協力」など、授業には子どもに身に付けさせたい力を鍛える要素が多く含まれています。人格形成を意識しながら授業に取り組むことで、教材研究や指導の仕方も変わってくるはずです。

授業規律

優れた授業の基礎とは

うまいといわれる教師の授業を分析してみると、例えば、話を聞くときは作業を止めて話し手を見る、無駄話をしないで目的に応じた話し合いをする、指名されたら返事をして起立する……。優れた授業ほど授業を成立させるために必要なきまりが存在し、しっかり守られていることに気づきます。教科の内容以外にも授業を成立させるための「きまり」があることを意識して授業を行うことは、授業の力量を向上させる大切なポイントです。

授業は、「話を聞くときの姿勢」や「発表の仕方」「ノートのとり方」など、様々なきまりで成り立っています。先生方の教室では、どのようなきまりを決めて授業を進めているでしょうか？　いずれにしても、授業でのきまりは徹底して守らせるように指導することが重要です。今回は、どの教室でも必要と思われる授業規律の基礎について考えてみたいと思います。

まず一つは、「見る姿勢」です。

教師の説明や発問、友達の発表などのときは、話し手の目を見る。板書や演示を見る。教科書や資料を見る……。授業中は、子どもの目線がどこにあるのかをしっかり把握し、

□**ねらい**

授業力向上を図る方法として、授業規律に視点を置いて授業を参観することを提案する。

■**ポイント**

研究授業や公開授業を観察する具体的な視点を述べながら話す。

指示したことに子どもの目線が集まるような工夫が必要です。

次に、「聞く態度」です。

子どもが内容を理解しようとしながら授業を聞いているかどうかを見極めるのは、実は難しいものです。「聞くふり」をしていれば見かけでは分からないからです。聞く態度を身に付けさせる工夫について考えてみましょう。

最後に、「反応を促す」ことです。

教師の話や友達の発言に対して、聞いているのかいないのか、分かっているのかいないのか……。何の反応も示さない子どもは意外と多いように思います。積極的に楽しんで授業に参加させるためにも、反応を返させるように指導することが大切です。

他の教師の授業を参観するとき、授業規律に視点を置いて授業を分析するとよいでしょう。同じ授業を参観しても、その授業が誰の目にも同じように見えるというものではありません。見る人の力量によって見え方が異なってきます。そのことは、相撲や野球の同じ場面を見ているのに、一般の視聴者とプロの解説者が見る視点は異なり、分析力には格段の差が生じるのと同じです。

同じ授業を参観しているはずなのに、授業経験の浅い教師には見えないことが、経験豊富な教師には緻密なことまで分析できてしまいます。自身の授業力を高めるためにも、授業規律に視点を置いて、授業を参観し分析してみることをおすすめします。

克己

「嫌い」で楽しさを学ばせる

新入生の保護者説明会や入学式などで、「学校は楽しいところ」と子どもや保護者に伝えることがあります。しかし、「楽しい」の定義を間違って受け取られないように、丁寧に説明することが重要です。学校の「楽しさ」は、テーマパークや遊園地で得られる楽しさとは異なります。テーマパークや遊園地は、「与えられる楽しさ」を享受する場所です。対して学校は「獲得する楽しさ」を実感する場所です。

子どもが自分の力で楽しさを獲得するためには、時には苦労や困難に遭遇することがあります。目の前の試練を乗り越えた先に、「できた」「やった」と自身の成長を実感する楽しさを味わうことができます。「獲得する楽しさ」は、子どもの成長にとって何にも代えがたい宝物になります。

子どもたちに試練を乗り越えさせる機会を提供する活動の一つに「掃除」があります。掃除は多くの子が敬遠する学習活動です。しかし、子どもが好きではないからこそ、そこで学ばせることも多いはずです。掃除の指導の仕方に一工夫こらしてみましょう。子どもたちが嫌いと感じる掃除ですが、言葉がけや指導の仕方を工夫することにより、子どもに

□**ねらい**

負荷がかかる活動の意義を確認する。

■**ポイント**

学校生活で子どもに負荷がかかる活動を取り上げながら話す。

「やり遂げることの楽しさ」「がんばることの心地よさ」を感じさせることができるはずです。

同じく宿題も試練を提供する活動です。家に帰ったら自分の好きなことをしてくつろぎたいと子どもは思っています。そのようなときに、やることを強制される宿題は、自分の弱さに打ち克ってでもやらなくてはならない心構えを育て、自分の弱い心に打ち克つことの大切さや充実感を学ばせる絶好の機会になります。

子どもは、楽しいこと・興味のあることには一生懸命取り組みます。しかし、「獲得する楽しさ」を経験させるために、試練を与えて指導や支援を行うのが教師の役割だと思います。楽しみを獲得する過程で、物事を前向きに考える力を身に付けていくはずです。楽しさを獲得する力を身に付けた子は、そのときはどんなに苦しくつらい状況に置かれていたとしても、その試練を乗り越えた者にしか味わうことのできない充実感を知っているからです。

「楽しさ」は、人の心の持ち方にあります。困難を乗り越える力を身に付け、楽しいと思える経験をたくさん得ることができる子はどれだけ幸せなことでしょう。何をするのも「楽しい」と思えるような子、「楽しい」と感じることのできる心持ちの子を増やしていくことが、私たち教師の大切な使命ではないかと思うのです。

前向きに物事を捉える子に成長するように、自分と闘い楽しさを獲得する経験を積むことができる機会を、子どもに与えることが重要ではないでしょうか。

教育観

時代が変わっても必要なこと

二十年ほど前にＮＨＫの「プロジェクトＸ」という番組が話題になりました。この番組は２０２４年に新シーズンも開始されました。「プロジェクトＸ」は、世界に誇る日本をつくり上げた名もない人々の挑戦に焦点を当てた番組です。私は、プロジェクトに出演する挑戦者たちの仕事に対する熱意に大いに感銘を受けたものです。「プロジェクトＸ」に登場する人々が、生きがいと誇りを持って仕事に取り組んでいる様子が生き生きと描かれていました。「自分も、仕事に生きがいと誇りを持って生きたいものだ」と、名もない挑戦者たちに共感し憧れ、次の日の仕事の意欲にしていたことを思い出します。日々の会話や行動を思い出す度に、私の父親をはじめ高度経済成長を支えてきた世代の人たちは、誇りと生きがいを持って仕事をしていたのだと改めて感じています。

「プロジェクトＸ」の挑戦者や私の親父世代の企業戦士たちは、きっと自分の仕事が周囲の人々に認められ世の中の役に立つと信じていたからこそ、厳しい仕事であっても耐えることができ、誇りと充実感を得ていたのだと思います。

森信三先生は、次のような要旨の話をしています。

□**ねらい**

教師という仕事に対する責任感を見直す機会にする。

■**ポイント**

「やりがい」を持って仕事に取り組む意義を伝えながら話す。

「人間が偉いか偉くないかは、最後までやり抜くかどうかで分かれる。大体物事というものは、七割か七割五分辺りまでいくとつらくなる。そこをしゃにむにやり通すか否かによって、人間の別が生じるんです。たとえフラフラになっても、ぶっ倒れるまでやり抜くんです。そして、このようながんばりこそ、最後の勝敗を決するんです。」

私が小学生だった半世紀前。親や教師をはじめとする大人たちは、子どもに対して強い姿勢で指導していました。時には子ども心に理不尽さを感じたこともありました。私は忍耐強さには少々の自信を持っていますが、幼い頃から受けてきた教育が影響していることは間違いないと思っています。

もちろん、どう考えても疑問を抱かざるを得ない指導もたくさんあったとは思うのですが……。しかし、その頃の子育てには「子どもの力を信じる強い気持ち」があったと思います。状況に応じて柔軟に対応する子どもの力を。素早く立ち直る子どもの回復力を。少々の苦難を忍ぶ子どもの忍耐力を。私は自分を育ててくれた教育に感謝しています。子どもだった私の力を信じてくれた、厳しさの奥に込められた優しい大人の心に感謝しています。

今、目の前で泣き笑いしながら学校生活を送っている子どもたちの将来を考えるとき、私たち大人は、子どもたちに何を伝えなければならないのでしょう。歯を食いしばって前に進もうとしている子に、力を伸ばそうと努力している子に「無理するな」と伝えることが果たして正しいのでしょうか。もっと子どもの強さを信じるべきではないでしょうか。

【参考文献】
森信三『修身教授録』(致知出版社)

本質を見抜く

「原点」に返って考えよう

日本全国の小学校で、2020年から約三年間にわたって、新型コロナウイルス感染症への対応が行われました。様々な状況を考えながら子どもの安全確保に取り組んだ日々も、過去のものとして徐々に私たちの記憶から遠ざかっています。

先生方も、安全対策に細心の注意を払うために心を砕く日々を送られていたことと思います。当時、私が勤務していた学校でも、児童の安全のためにできる限りの配慮をすべく、職員で話し合いを重ねる日々が続いていました。子どもたちの安全を守るために、会議では様々な意見が飛び交いました。「もし、こんな状況になったら……？」「もし、こんな問題が起こったら……？」「もし、この対応ができなければ……？」「もし、そうでなければ……？」「もし……。もし……！　もし……？」

いくつもの「もし」が、この職員室でも飛び交っていたのではないでしょうか？　そして、考えれば考えるほど、安全確保の対策案は、職員や家庭に相当な負担を求め、子どもたちの行動を厳しく制限するものになっていったはずです。

しかし、何十通り・何百通りの「もし」に対応しようとすると、具体的な対策は非現実

□**ねらい**
判断に迷ったときの「原点」回帰の必要性を確認する。
■**ポイント**
新型コロナウイルス対応の時代を振り返りながら話を進める。

的なものになり、長時間かけてもよい案が出てこないという結果になる恐れがあります。

そもそも、「子どもたちが、自分で判断し行動する力を身に付ける」ために、様々な活動を通して指導・支援を行うことが、学校教育の本分です。子どもの安全確保のために進められる学校の対策は、この単純明快な原理に基づいて行われるべきであることを忘れてはなりません。子どもたちに、自分で安全を守るための意識と判断力を高め、適切な行動様式を身に付けさせることを、安全対策の最重点目標にして、具体的な方法を考えていくことを共通認識にしておきたいと思います。

学校で安全に生活するために、日頃から子どもたちに「当たり前」のこととして指導し続けていることを、子ども自身に意識させ行動様式を身に付けさせることが重要です。子どもに安全についての心構えをつくらせ実行させる指導をおろそかにして、「もし、こんな場合は」「もしかすると、こうなるかも」などという「タラレバ対応」に力を注ぐことに何の意味があるというのでしょう?

現在、子どもたちにとってインターネットは、より身近で必要不可欠なものになりました。そのことにより、人権侵害・個人情報の取り扱い・時間の使い方等、様々な問題も出てきました。その対応においても、機器を使用する子どもの倫理観や道徳心を育てることが、様々な問題に対応するための最善の解決策に違いありません。

私たち大人が、本当に大切なことを見極める必要があります。

親心

将来を見据えた教育を

先日まで、一年中夏が続くのではないかと疑いたくなるような暑い日が続いていたと思っていたのに、めっきり寒くなりました。時間が過ぎるのは本当に早いものです。

毎朝、登校してくる子どもたちを出迎えるために、正門のところで立哨していると、特にここ一週間は、震えが止まらないくらい寒い朝が続きました。一緒に立哨指導をしてくださっている地域の方も、「本当に寒くなりましたなあ。あちこちに氷が張ってますわ」と、分厚い上着と手袋姿で、厳しい寒さを嘆いておられました。

そんな寒い朝に、子どもの登校を待っていると、「校長先生。おはようございます!」と後ろの方から元気なあいさつが飛んできました。振り返り目を向けると……。なんと、半ズボンに薄い半そでのTシャツ姿でニコニコ笑っている男の子の姿が目に飛び込んできました。「お~っっ! 元気だねえ。寒くないかい?」と声をかけると、「全然! 平気平気!」と元気に走って門をくぐっていきました。

私が子どもの頃、全国各地で、文部省の「健康優良学校」の指定を受けている小学校がたくさんありました。実は、私の母校も「健康優良学校」として、子どもたちは一年中半

□**ねらい**

子どもへの指導が、将来を見据えて行われているか考えさせる。

■**ポイント**

自身のエピソードに置き換えて話すとよい。

そで半パン裸足で、学校生活を送っていました。もちろん、寒い冬の時期もです。

冬の厳しい地域ですから、雪が降る日などは校舎の床は氷のような冷たさで、足がしびれて感覚がなくなることもざらでした。当時の先生は、私たちに「子どもの頃に体を鍛えておくことが一生の宝となる！」という言葉を、耳にタコができるほどおっしゃっておられたのを記憶しています。今の時代では考えられないような厳しい教育が、ほんの五十年ほど前には日本のあちこちで行われていたのです。

もちろん、昔の教育がすべてよいというわけではありません。人権的にも、個に応じた対応に不備があることも多かったことでしょう。しかし、一昔前に日本のあちこちで行われてきた教育は、「子どもの将来を見据えて育てる」という考え方が基盤になっていたと思えるのです。「今は苦しいかもしれないが、その苦しさが子どもを強くたくましく成長させる」「将来のために、今試練を与えておくことが必要だ」という、明確なビジョンが存在していたように思うのです。

子どもに忍耐の大切さを伝える場や試練を経験する機会を少なくする風潮のある現在の教育が、本当に「子どものため」になっているのでしょうか？　多様な価値観・物があふれる豊かな環境の中で子育てをしている私たちにとって、心に留め置くべきことだと思うのです。

学級崩壊

チームの結束が崩壊を予防する

学級崩壊といわれる現象が、社会問題として広く取り上げられるようになって、四半世紀が経とうとしています。「学級経営研究会」（研究代表者・国立教育研究所長 吉田茂、研究総括責任者・小松郁夫）は、「子どもたちが教室内で勝手な行動をして教師の指導に従わず、授業が成立しないなど、集団教育という学校の機能が成立しない学級の状態が一定期間継続し、学級担任による通常の手法では問題解決ができない状態に立ち至っている」状態を「学級崩壊という表現をあえて使わず、学級がうまく機能しない状況」と表現しています。

一昔前なら、恐い先生や厳しい先生のクラスが崩壊状態になることは、まずありませんでした。「力」で子どもたちを抑えることが可能でした。しかし、現在は違います。大きな体で威圧的に子どもを指導している強面のベテラン教師のクラスでも学級崩壊は起こります。私たち教師の誰もが「学級崩壊を起こしたくない」と考えているはずです。しかし、残念なことに、毎年全国各地で、相当数の教室が崩壊を起こしてしまうのが現実です。先生方も知り合いから、学級崩壊に関わる情報を耳にしたことがあるでしょう。

□**ねらい**

学級崩壊を防止するための決意と教職員の結束を喚起する。

■**ポイント**

崩壊する恐怖をイメージさせながら話す。

今や、新任の教師も、経験豊富なベテラン教師であっても、学級崩壊を起こさないと断言できる人は誰一人いないといっても過言ではありません。

先生方、まずは、自分の担任するクラスの状態をチェックしてみてください。子どもたちが自分の指示を聞いて行動しているか。授業中に私語や立ち歩きが頻繁に起こらないか。ケガやケンカなどのトラブルが増えていないか。時間を守って行動しようとしているか。クラス内で、力の上下関係が顕著になってはいないか……。

上記のような基準をつくって、ご自身のクラスの状態を診断することで、学級崩壊を防ぐことが可能になります。また、「崩壊の前兆となるクラスの状態」とはどのような状態を指すのか、その基準を考えることによって、クラスの状態を観察する感覚が鋭くなり、早期の対応が可能になります。

そして、何よりもお願いしたいことは、互いのクラスの状態をチェックし合い、様々な目でクラスを診断してほしいということです。自分の目だけで行うと、基準が甘くなってしまう恐れがあるからです。他の教師から見ると、明らかに崩れかかっている状態であるにもかかわらず、自分では分からないことがないともいえないからです。

大切な子どもたちのため、自身の教師人生を充実したものにするために、学級崩壊という危機は回避しなくてはなりません。そのためには、学級を診断して崩れに気づき早期に対応することが重要です。職員全員で協力し合うことで、すべてのクラスが落ち着いて学習に取り組むことができる学校にしていきましょう。

【参考文献】
国立教育研究所 広報第124号「学級経営をめぐる問題の現状とその対応」（教育経営研究部 学校経営研究室長 小松郁夫）

【著者紹介】
中嶋　郁雄（なかしま　いくお）
1965年鳥取県生まれ。1989年奈良教育大学卒業後，奈良県内の公立小学校に勤務する。子どもが安心して学校生活を送ることのできるクラスづくりを目指して，授業や学級経営，生徒指導を中心に，研究と実践に力を入れてきた。2015年から，管理職として学校運営に関わりながら後進の育成に当たっている。
『クラス集団にビシッと響く！「叱り方」の技術』『仕事に忙殺されないために超一流の管理職が捨てている60のこと』『校長1年目に知っておきたい　できる校長が定めている60のルール』（明治図書）等，著書多数。

伝わる・響く・整う
小学校長講話100

2025年2月初版第1刷刊　©著　者　中　嶋　郁　雄
発行者　藤　原　光　政
発行所　明治図書出版株式会社
http://www.meijitosho.co.jp
（企画）林　知里（校正）西浦実夏
〒114-0023　東京都北区滝野川7-46-1
振替00160-5-151318　電話03(5907)6703
ご注文窓口　電話03(5907)6668

＊検印省略　組版所　株　式　会　社　カ　シ　ヨ

Printed in Japan　ISBN978-4-18-001825-3